a big cheese は「大きなチーズ」ではありません

ネイティブだけが知っている、学校では教えてくれないフレーズ

牧野髙吉

ディスカヴァー携書
102

はじめに

直訳しても意味がわからない

「個々の英単語の意味はわかるけれど、それらが組み合わされると意味がわからなくなる」という悩みは、英語学習者からよく聞かれます。それはもっともな話で、英語のフレーズ（熟語やイディオム）のほとんどは、直訳ができない、あるいは直訳しても意味をなしません。ここで、次のフレーズの意味を推測してみてください。

（1）Be my guest!
（2）hit the road
（3）I'm broke.
（4）I have to do number one.
（5）It's your baby.
（6）know the ropes
（7）Break a leg!
（8）sell like hot cakes
（9）Let's take five!
（10）You are what you eat.

いかがですか？　いずれも、中学校で習った易しい単語ばかりが並んでいます。しかし、意味が想像できないものが少なくないでしょう。

　本書では、いくつか（多くは2〜5語）の易しい単語の組み合わせで、日本語に直訳しても意味をなさないものの、意味がわかると「えっ、こんな意味なの？」「そうか、そういう意味なんだ！」と驚いたり、納得したりする表現を取り上げました。もちろん、いずれの表現も、ネイティブスピーカーが日常会話で頻繁に使うものです。

本書の特長

　本書の特長は2つあります。
　1つは、易しい単語からなるフレーズが、なぜそのような「意味」になったか、そのフレーズが生まれた経緯、由来などを解説している点です。
　もう1つは、各フレーズに例文をつけ、実際に使いこなせる場面を用意した点です。
　学校での英語学習に辟易(へきえき)している方々や英会話の学習に挫折した方々に、「英語って本当は易しいんだ！」「英語って、面白そう！」ということを実感していただきたいと思

います。本書が、ネイティブの感覚と表現豊かな英語力を身につけるための「縁の下の力持ち」になると確信しています。

　本書を制作するにあたり、William Chesser 氏には、本書に挙げたすべての英文がより自然な表現になるように手を入れていただきました。また、株式会社ディスカヴァー・トゥエンティワンのプロデューサーである渡邉淳、三谷祐一の両氏には、本書出版の機会を与えていただき、かつ編集上の提案と助言をいただきました。さらに、文筆堂代表の寺口雅彦氏からは、編集に関する種々の助言をいただきました。これら4氏のご厚意に対して、深くお礼を申し上げます。

　病魔と闘う妻・美奈子の1日も早い回復を祈りつつ。

2013年5月

牧野髙吉

CONTENTS

はじめに 3

第1章
会話のキッカケを作る・会話を弾ませるフレーズ
(仲間との会話や自己表現をする)

1) **a shotgun wedding**（拳銃結婚）20

2) **a skeleton in the closet**（押し入れの中の骸骨）21

3) **a tongue twister**（舌をねじるもの）22

4) **a white lie**（白い嘘）23

5) **a wisdom tooth**（知恵の歯）24

6) **apples and oranges**（リンゴとオレンジ）25

7) **break the ice**（氷を破る）26

8) **Come get me.**（私を捕まえにきて）27

9) **Couldn't be better.**（それ以上よくならない）28

10) **cow pie**（ウシのパイ）29

11) **Dig in!**（掘って！）30

12) **Do you follow me?**（私についてきていますか？）31

13) **Don't be chicken.**（ニワトリになるな）32

14) **get the picture**（その絵を手に入れる）33

15) **Give me a break!**（休憩をくれ！）34

16) **have a big mouth**（大きな口を持つ）35

17) **I'll be right with you.**（あなたと一緒に右へ行きます）36

18) **I'll get it.**（私がそれを取ります）37

19) **I'll take care of it.**（私はそれの面倒を見ます）38

20) **I've got to go.**（行かなくちゃ）39

21) **Let's take five!**（5を取ろう！）40

22) **one's cup of tea**（自分のお茶）41

23) **See you soon.**（すぐに会うよ）42

24) **shape up**（シェイプアップする）43

25) **speak one's piece**（自分の破片を言う）44

26) **make sense**（意味を作る）45

27) **That's news to me.**（それは私にはニュースです）46

28) **What brought you here?**
（何があなたをここへ連れてきたのですか？）47

29) **What do you do?**（あなたは何をするのですか？）48

第2章
ポジティブな気持ちを表すフレーズ
（人を褒める、人を励ます）

1) **an early bird**（早いトリ）50

2) **at one's own risk**（自分自身の危険で）51

3) **be (all) in the same boat**（同じボートに乗っている）52

4) **bite the bullet (and do something)**（弾丸を噛む）53

5) **blow one's own horn**（自分自身の角を吹く）54

6) **Break a leg!**（脚を折れ！）55

7) **burn the candle at both ends**
（両端でロウソクを燃やす）56

8) **by the book**（その本によって）57

9) **Don't work too hard!**（働きすぎるなよ！）58

10) **Every dog has his day.**（どのイヌにも自分の日がある）59

11) **Hang in there!**（そこでぶら下がれ！）60

12) **have a ball**（ボールを持つ）61

13) **have a green thumb**（緑色の親指を持つ）62

14) **have a heart of gold**（黄金の心を持つ）63

15) **Help yourself!**（自分自身を助けなさい！）64

16) **hit the road**（道路を打つ）65

17) **I'd like to propose a toast.**（トーストを申し込みたい）66

18) **in good shape**（いい形で）67

19) **It is a windfall.**（それは風で落ちたもの）68

20) **It moved me.**（それは私を動かした）69

21) **Keep in touch!**（接触を保ちなさい！）70

22) **keep one's fingers crossed**
（自分の指を交差させておく）71

23) **Make yourself at home.**（家で自分自身を作りなさい）72

24) **No sweat!**（汗がない！）73

25) **out of this world**（この世から）74

26) **roll up one's sleeves**（自分の袖をまくる）75

27) **show one's (true) colors**（自分の(本当の)色を示す）76

28) **Watch your back.**（自分の背中を見なさい）77

29) **Watch your tongue!**（自分の舌の見守りなさい！）78

30) **We're family.**（我々は家族です）79

第3章
ネガティブな気持ちを表すフレーズ
（人を叱る・非難する、困ったとき）

1) **a backseat driver**（後部座席のドライバー）82

2) **a long face**（長い顔）83

3) **a wet blanket**（濡れた毛布）84

4) **Achilles(') heel**（アキレスの踵）85

5) **be in hot water**（お湯の中にいる）86

6) **be like a fish out of water**
　（水から上がった魚のようである）87

7) **bite someone's head off**（人の頭を噛み切る）88

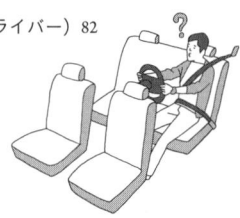

8) **black sheep**（黒いヒツジ）89

9) **call someone names**（人を名前で呼ぶ）90

10) **get off on the wrong foot**（間違った足で降りる）91

11) **get someone's goat**（誰かのヤギを取る）92

12) **give someone the cold shoulder**
    （人に冷たい肩を与える）93

13) **have a sharp tongue**（鋭い舌を持つ）94

14) **have butterflies in one's stomach**
    （胃にチョウチョウがいる）95

15) **have one foot in the grave**（墓で片足を持つ）96

16) **I'm broke.**（私は壊れている）97

17) **It's your baby.**（それは君の赤ん坊だ）98

18) **I was not born yesterday.**
    （私は昨日生まれたのではありません）99

19) **kick the bucket**（バケツを蹴る）100

20) **let the cat out of the bag**（袋からネコを取り出す）101

21) **Look the other way.**（反対の方向を見なさい）102

22) **My stomach is upset.**（私の胃は動転しています）103

23) **once in a blue moon**（青い月が出るときに一度）104

24) **one's eyes are bigger than one's stomach**
（目が胃よりも大きい）105

25) **pull one's leg**（人の足を引っ張る）106

26) **see the light at the end of the tunnel**
（トンネルの先に光が見える）107

27) **spell out**（正しく綴る）108

28) **the bad apple**（悪いリンゴ）109

29) **throw in the towel**（タオルを投げ込む）110

30) **tighten one's belt**（ベルトをきつく締める）111

31) **What do you expect?**（何を期待しますか？）112

32) **Who knows?**（誰が知ってるの？）113

第4章
ビジネスの場面で使えるフレーズ
（会議の席や交渉のとき）

1) **a big cheese**（大きなチーズ）116

2) **a fish story**（魚の話）117

3) **A little bird told me that ….** （…と小鳥が言った）118

4) **a tall order** （高い命令）119

5) **a word to the wise** （賢い人々へのひと言）120

6) **an ambulance chaser** （救急車を追いかける人）121

7) **as easy as (apple) pie** （(アップル)パイのように簡単な）122

8) **at the end of the day** （その日の終わりに）123

9) **be with someone** （〜と一緒にいる）124

10) **beat around the bush** （茂みの周りをたたく）125

11) **bite one's tongue** （舌を噛む）126

12) **bring home the bacon** （ベーコンを家に持ち帰る）127

13) **buy a pig in a poke** （袋に入ったブタを買う）128

14) **Drop me a line.** （1本のひもを落として）129

15) **Exact fare, please.** （正確な運賃をお願いします）130

16) **face the music** （音楽に直面する）131

17) **fill one's shoes** （他人の靴をいっぱいにする）132

18) **in black and white** （黒と白で）133

19) **know the ropes** （ロープを知る）134

20) **make (both) ends meet**（両端を合わせる）135

21) **red tape**（赤いテープ）136

22) **Say when.**（whenと言いなさい）137

23) **sell like hot cakes**（ホットケーキのように売る）138

24) **sit on the fence**（垣根の上に座る）139

25) **spill the beans**（豆をこぼす）140

26) **take something with a grain of salt**
  （1粒の塩とともに持っていく）141

27) **the red carpet**（赤い絨毯）142

28) **under the table**（テーブルの下で）143

29) **Where were we?**（我々はどこにいたの？）144

30) **Where is the beef?**（牛肉はどこなの？）145

第5章
カジュアルな場面で使えるフレーズ
（友だちや家族との気楽な会話で）

1) **a bus girl**（バスガール）148

2) **a dirty old man**（汚い年とった男）149

3) **a doggy bag**（イヌの袋）150

4) **a funny bone**（おかしな骨）151

5) **a nest egg**（巣の卵）152

6) **a son of a bitch**（性悪女の息子）153

7) **a son of a gun**（大砲の息子）154

8) **a sweet tooth**（甘い歯）155

9) **act one's age**（年齢を演じる）156

10) **at the tip of one's tongue**（舌の先で）157

11) **athlete's foot**（スポーツ選手の足）158

12) **Be my guest.**（私の客になって）159

13) **be on the ball**（ボールの上に乗っている）160

14) **(Has the) Cat got your tongue?**
　（ネコが舌をとったのかい？）161

15) **(as) cool as a cucumber**（キュウリのように涼しい）162

16) **cut and dried**（切られて乾燥した）163

17) **Dear John letter**（親愛なるジョンへの手紙）164

18) **Forget it!**（忘れろ！）165

19) **hit the books**（本にぶつかる）166

20) **I have to do number one.**
    （ナンバーワンをしなければ）167

21) **I'll take a rain check.**（雨の切符をもらいます）168

22) **I'm still working on it.**
    （私はまだその上で働いています）169

23) **in a million**（百万の中で）170

24) **It's about time you went to bed.**
    （それはほぼ君が寝た時間だ）171

25) **It's on me.**（それは私の上にあります）172

26) **just between you and me**（あなたと私の間だけ）173

27) **kill time**（時間を殺す）174

28) **make it**（それを作る）175

29) **(You) Mind your own business!**
    （自分自身の仕事に気を配れ！）176

30) **out of the blue**（青い色から）177

31) **rain cats and dogs**（ネコとイヌが降る）178

32) **second thoughts**（第2の考え）179

33) **She is expecting.**（彼女は期待しています）180

34) **sleep on it**（その上に寝る）181

35) **sour grapes**（酸っぱいブドウ）182

36) **spend a small fortune**（ちょっとした幸運を費やす）183

37) **The line is busy.**（線が忙しい）184

38) **the lion's share**（ライオンの分け前）185

39) **make a long story short**（長い話を短くする）186

40) **turn over a new leaf**（新しい木の葉をひっくり返す）187

41) **watch one's weight**（自分の体重を見守る）188

42) **Would you like to have dinner with us?**
（一緒に夕食をいかがですか？）189

43) **You are what you eat.**（あなたは食べるものである）190

44) **You can say that again.**（再びそれを言える）191

第1章
会話のキッカケを作る・
会話を弾ませるフレーズ
（仲間との会話や自己表現をする）

a shotgun wedding

1-1 「拳銃結婚」??

a shotgun wedding

A: Mom, did you get married for love?
B: No. Ours was a shotgun wedding. Soon after, you were born.
A: Really?

ネイティブはこう使う

できちゃった婚、強制結婚

　最近、伝統的な神前結婚式にあきたらず、シュノーケルをつけたままの水中結婚式や熱気球やバンジージャンプでの空中結婚式など変わった結婚式もあるようです。しかし、「拳銃結婚」とは聞いたことがないのではないでしょうか？　ずいぶん物騒な結婚をイメージさせるフレーズです。

　実はこの表現、昨今、日本でも珍しくなくなった「できちゃった婚」「強制結婚」のことです。未婚の娘を妊娠させられた父親が怒って、相手の男にショットガン（**shotgun**：拳銃）を突きつけて脅し、強制的に結婚を迫ったことに端を発します。

　もちろん、今日、実際に「ショットガン」で脅すことはまれでしょうが、それ以外の方法で強制的に結婚させることにも、この表現が使われます。**a shot-gun marriage** と言うこともあります。

A: お母さん、お母さんは恋愛結婚だったの？
B: いいえ。私たちのは**できちゃった婚**だったの。その後すぐに、あなたが生まれたのよ。
A: 本当？

1-2 「押し入れの中の骸骨」？？

a skeleton in the closet

A: Susie never talks about her family.
B: No one wants to talk about their <u>skeleton in the closet</u>.

ネイティブはこう使う

（公になっては困る）内輪の秘密

　このフレーズには物騒な響きがありますが、本当はどんな意味なのでしょうか？　実は「殺された死体が骸骨になって押し入れにしまい込まれている」という発想から生まれた表現で、「（公になっては困る）内輪の秘密」を意味します。一般に、家庭の事情について使われます。**the family closet** と言うこともあります。また、《英》では **closet** の代わりに **cupboard** が使われますが、《米》では使われません。

　closet を使った他の表現には、**come out of the closet**（押し入れから出てくる）があります。「それまで隠していた秘密を公にする」「秘密がバレる」という意味です。この表現はもともと、「同性愛者であることを隠していたが、それを明らかにする」という意味から生まれた表現です。**come out**（カミングアウトする）は同性愛者であることを公表するという意味で、最近では日本でも定着しつつありますね。

A: スージーって、家族のことは何も話さないわね。
B: 誰も自分の**内輪の秘密**には触れたがらないものよ。

1-3 「舌をねじるもの」??

a tongue twister

A: May I have her name again?
B: Cynthia Thicilci. It's a tongue twister.

ネイティブはこう使う

早口言葉

twist は「ねじれ、もつれ、からまり」で、**tongue** は「舌、言葉」という意味の単語です。**tongue twister** は、直訳すれば「舌をもつれさせるもの」です。これらが何を表しているかと言うと、英語版の「生麦、生米、生卵」の類、つまり「早口言葉」のことです。

英語の早口言葉には、語頭にくる子音が微妙に変化する単語を集めたものが多く、ふつうは文章の形をなしています。

ここで、英語の「早口言葉」をいくつか紹介します。

◇**She sells seashells by the seashore.**
（彼女は海辺で貝殻を売っている）
◇**Look at the unlucky uncle under a useless umbrella.**
（役に立たない傘の下にいる不運な叔父を見て）
◇**Shy Sarah saw six Swiss wrist watches.**
（照れ屋のサラは6個のスイス製腕時計を見た）

A: 彼女の名前を、もう一度言って。
B: シンシア・スシルシィよ。**舌がもつれる**よね。

1-4 「白い嘘」？？

a white lie

A: Is it true what you said yesterday?
B: Please forgive me. It was only a white lie.

ネイティブはこう使う

実害のない嘘

　white lieが何を意味するかわかりますか？　これは、**white**の「無色の」という意味から発展して、「たわいのない嘘」を意味します。

　確かに、このフレーズは、「実害のない嘘」、場合によっては「善意の嘘」を表すのにピッタリです。ただし、英語の**lie**には「人をだまそうとする意図」があり、日本語の「嘘」よりも道徳的非難のニュアンスが強いので、使用する際には注意が必要です。

　ちなみに、反対の**black**を使った**a black lie**は「悪意に満ちた嘘」「たちの悪い嘘」という意味です。また、日本語には、「真っ赤な嘘」というフレーズもありますが、英語では**red**を使わず、**a downright lie**（徹底的な嘘、率直な嘘）と表現します。色を使った「嘘」もいろいろで、面白いですね。

A: あなたが昨日言ったことは本当なの？
B: 許して。**ちょっとした嘘**なんだから。

1-5 「知恵の歯」??

a wisdom tooth

A: Why didn't you come to the party last week?
B: Well, I wanted to (go). But I had an appointment with a dentist and I had my <u>wisdom tooth</u> pulled.

ネイティブはこう使う

親知らず

wisdom tooth とは、どの歯のことでしょうか? 直訳は「知恵の歯」ですので、知恵を絞って考えてみましょう。これは日本語の「親知らず」のことです。「ある程度知恵がついてから生えてくる歯」だから **wisdom tooth**、と考えるとわかりやすいですね。

ところで、「歯が生える」を英語では何と言うかご存じですか? **cut a tooth** です。My baby is cutting a tooth.「うちの赤ちゃんに歯が生え始めたの」などと表現します。**My baby is teething.** と言うこともあります。

また、**cut a tooth** という表現に関連して、**cut one's wisdom tooth** は、比喩で「分別がつく年頃になる」を意味します。

A: 先週のパーティーにどうして来なかったの?
B: ええ、行きたかったんだけれど、歯医者の予約があって、**親知らず**を抜いてもらったの。

1-6 「リンゴとオレンジ」？？

apples and oranges

A: Are you and your twin sister alike in character?
B: Not at all. We are just like apples and oranges, but we look alike.

ネイティブはこう使う

全然似ていないもの

両者とも果物という点では共通していますが、**apple**は双子葉類、**orange**は柑橘類の果物です。もちろん、肌触りや歯触り、さらに色も味もまったく異なります。ここから、このフレーズは、「全然似ていないもの」「比較・対照できないもの」を意味するようになったのです。

このフレーズは、日本語の「月とスッポン」と似てはいますが、ニュアンスが異なります。「月とスッポン」の「月」は「善」に、「スッポン」は「悪」に喩えられていますが、英語の**apples and oranges**には、この「善・悪」という価値判断がなく、リンゴとオレンジという果物のよさや特徴が単純に表現されているだけです。

ちなみに、「似て非なる」は、**be similar in appearance but different in substance**と言います。

A: 君と君の双子のお姉さんは性格が似ているの？
B: いいえ、**まったく違う**わ。見た目は似てるけどね。

1-7 「氷を破る」??

break the ice

A: How was the meeting this morning?
B: The atmosphere was quite stiff at first, but Henry broke the ice with a joke.

ネイティブはこう使う

堅くなっている雰囲気をほぐす

　北海道のオホーツク海岸の網走市や紋別市には、毎年2月になると、流氷が押し寄せます。この流氷を砕く砕氷船は国内のみならず、外国からの観光客をも喜ばせています。**break the ice** は文字どおり、「(砕氷船が) 氷を砕く」ことです。氷を砕いて、他の船が通れるようにすることから発展して、「(先駆者として) 最初にやる」を意味するようになりました。

　また、「(パーティーや初対面の場などで) 緊張・堅苦しさをほぐす」「堅くなっている雰囲気をほぐす」という意味でも使われます。面白い話 (ジョークなど) によることもあれば、親切な行為などがキッカケになることもあります。氷を砕いて、他の船が通れるようにすることから、「他の人の心をリラックスさせる」という意味で使われることもあります。

A: 今朝の会議はどうだった？
B: 最初は堅い雰囲気だったけれど、ヘンリーのジョークで**緊張がほぐれた**よ。

1-8 「私を捕まえにきて。」？？

Come get me.

A: Roger, it started to rain. Can you <u>come get me</u> at the station?
B: All right, Michie. And what time?

ネイティブはこう使う

車で迎えに来て。

　日本語では「私を捕まえにきて！」などと言うことはまずないですね。では、この **Come get me.** はどういう意味でしょうか？
　これは、**Come and pick me up (in your car).** を簡潔に表した表現です。つまり、「車で迎えにきて」という意味です。
　pick me up in your car が長いので、**get me** と言い換えられています。この **get** には「車で」が暗に含まれています。口語では **come and get me** の **and** は省略されます。
　go は「行く」で、**come** は「来る」ですが、こちらから「迎えに行く」場合も **come** を使い、**I'll come get you.**「迎えに行くよ」と表現します。

A: ロジャー、雨が降ってきたから、駅まで車で**迎えにきて**くれない？
B: いいよ、ミチエ。で、何時に？

1-9 「それ以上よくならない。」??

Couldn't be better.

A: Charlie, how are the things going at work?
B: <u>Couldn't be better.</u>

ネイティブはこう使う

最高です。

学校では、**How are you, Toshio?** と聞かれると、**Fine, thank you. And you?**（元気です、ありがとう。あなたは？）と応じるように習いました。ですが、本当に気分・体調がすごくよいときは、何と応じるとよいでしょうか？

それが、今回の **Couldn't be better.** です。日本語の「最高です、バッチリです」に相当します。体調やその他の物・事の調子を聞かれて、最高の状態のときに使われるひと言です。

例えば、**Things couldn't be better at the company. Sales of new products have increased remarkably.**「会社の調子は最高だよ。新製品の売り上げが目覚ましく伸びてね」などと使われます。同じ意味では、**Nothing could be better.** もあります。反対の「最悪だね」は、**Couldn't be worse.** です。

A: チャーリー、仕事の調子はどうですか？
B: **最高だよ。**

1-10 「ウシのパイ」??

cow pie

A: Watch your step. It is full of <u>cow pies</u> around here.
B: OK.

ネイティブはこう使う

ウシの糞

　動物の「糞」は一般に **droppings** ですが、特にウシやウマなど「大きな動物の糞」(**dung**)と「小さな鳥の糞」(**droppings**)を区別することがあります。ただし、「ウシの糞」は婉曲的には **cow pie**（ウシのパイ）と言います。「ウシの糞」が **pie** の形に似ていることからです。

　ちなみに、「ウマの糞」は **horse biscuit**（ウマのビスケット）と呼びます。**biscuit** は《米》で「ロールパン」のことですが、「ウマの糞」の形がロールパンに似ているからだそうです。

　ところが、表現の似ている **dog biscuit** は「イヌの糞」ではなく、「イヌ用のビスケット」で、穀物、肉、骨などの粉を混ぜて固く焼いた **dog food** です。では、「イヌの糞」は何と言うのでしょうか？　口語で **doggy do** と言います。ちなみに、掲示板などで「イヌの糞は飼い主がきちんと始末してください」は、**Clean up after your dog, please.** と書かれています。

A: 足元に気をつけてよ。この辺は**ウシの糞**がたくさん落ちているからね。
B: わかったわ。

1-11 「掘って!」??

Dig in!

A: Makoto, let's <u>dig in</u>! There's plenty of food!
B: Thank you. It looks delicious.

ネイティブはこう使う

どうぞ食べて!

家族や友人、親しい間柄で使うカジュアルな表現で、「どうぞ食べて（ください）!」を意味します。**dig** は「掘る」という意味ですが、ナイフとフォークで、山盛りの料理を掘り進めるようにして食べることをイメージするとわかりやすいですね。「食事に取りかかる」「(〜を) 食べ始める」「(〜に) かぶりつく」「むさぼりつく」という意味で使われます。

このフレーズにはまた、**Tom didn't work hard but dug in immediately after he succeeded his father.**「トムは怠け者だったが、父の跡を継いですぐに懸命に働くようになった」のように、「一生懸命に仕事に取りかかる」「せっせと動き始める」という意味でも使われます。

A: マコト、さあ、**食べよう!** 料理はたっぷりあるから。
B: ありがとうございます。美味しそうですね。

1-12 「私についてきていますか？」？？

Do you follow me?

A: Do you follow me?
B: No, can you explain it one more time?

ネイティブはこう使う

私の言っていることがわかりますか？

Do you follow me? には、物理的に、「私（の後）についてきていますか？」という意味もありますが、多くの場合、「私の言っていること・話の筋がわかりますか？」という意味で使われます。授業中に、生徒・学生が授業を理解しているかどうかを確認するために、教師がよく使います。同じ意味で、進行形にして **Are you following me?** や **Are you with me?** も使われます。

会議や会話、授業の途中でわからない点があれば、**Excuse me, I don't follow you.**「すみません、よくわかりませんが」や、**I didn't follow the last part well.**「最後の部分がよく理解できませんでした」などと使われます。

ちなみに、人を案内するときに、「（私の）後についてきてください」は、**Follow me, please.** と言います。

A:（ここまで）わかりますか？
B: いいえ、もう一度説明してください。

1-13 「ニワトリになるな。」??

Don't be chicken.

A: <u>Don't be chicken</u>. Bungee-jumping is fun.
B: No way. That's too scary.

ネイティブはこう使う

ビクビクするんじゃない。

　chicken（ニワトリ）や **chick**（ヒヨコ）は、おとなしく、おどおどしています。そのため、形容詞では「意気地なし（の）」「臆病な」「腰抜けの」、名詞では「弱虫」「臆病者」という意味で使われます。

　したがって、**be chicken** は、「ビクビクしている」「臆病である」を、**Don't be chicken.** は「ビクビクするんじゃない」を意味します。**He's a chicken.**「彼は臆病者だ」のように **a** をつけた名詞用法もあります。

　また、**a game of chicken** は「肝試し」という意味です。さらに、**play chicken** は「（相手が引き下がることを心の中で期待して挑発し合う）度胸試し・比べをする」を意味します。

A: 怖じ気づくなよ。バンジージャンプは面白いぞ。
B: 嫌だよ。すっごく怖いよ。

1-14 「その絵を手に入れる」？？

get the picture

A: Get the picture, Hank?
B: No, I don't get the picture. Because you have used too much slang.

ネイティブはこう使う

大筋・概略をつかむ

pictureには「絵画」「写真」の他に、「映画」(《英》では **the pictures** で) という意味があります。このフレーズで使われている **the picture** は「全体の状況」「事情」「事態」を意味します。**get** は「理解する」「把握する」という意味ですので、**get the picture** は「(状況・事態などの) 大筋をつかむ」「概略をつかむ」「大筋を理解する」「あらましを把握する」を意味します。

例えば、何かについて事情を説明して、「だいたいのみ込めた？」と尋ねる場合、**Get the picture?** が一般的です。だいたいわかったときは **I've got the picture.**「大筋はわかったよ」と答えます。

ここで注意したいのは、この **picture** には **the** がつくということで、**get a picture** とすると、「写真を撮る」「絵を取ってくる」という意味になります。

A: ハンク、**だいたいわかった？**
B: いいや、**全体像がつかめない**よ。お前は俗語を使いすぎるからな。

1-15 「休憩をくれ！」？？

Give me a break!

A: Why don't you prepare dinner for a change?
B: <u>Give me a break!</u> I'm dead tired.

ネイティブはこう使う

(無理な依頼に対して)勘弁してくれよ！

　break という単語は、**Let's take a break!**「休憩しようよ！」や **coffee [tea] break**「小休憩」、**lunch break**「昼休み」などでおなじみでしょう。**Let's have a coffee break in ten minutes.**「10分したらお茶にしよう」などと使われます。

　ところが、類似の **Give me a break!** は「休憩・休みをください！」と類推しがちですが、この表現は、度の過ぎたことを言われたり、無理なことを要求されたり、依頼されたりしたときの「ちょっと待ってくれ！」「いい加減にしてくれ！」「勘弁して（くれ）よ！」を意味します。

　また、信じられないような話を聞いて、**Give me a break!** と言うと、「冗談はやめて（くれ）！」という意味になります。

A: 気分転換に夕食の準備をしてよ。
B: **勘弁してくれよ！** くたくたに疲れているんだから。

1-16 「大きな口を持つ」？？

have a big mouth

A: Don't tell this to Helen. She has a big mouth.
B: Don't worry. I know she does.

ネイティブはこう使う

大口をたたく、口が軽い

　a big mouth は比喩で「おしゃべり（な人）」「大口をたたく人」「口が軽い人」「何でもしゃべる人」「放送局」という意味です。この表現は、大きな口をしている人に「おしゃべり」のイメージがあることから生まれたとされています。「おしゃべり（な人）」は、洋の東西を問わず、あまり好まれないようです。**have a big mouth** は、「大口をたたく」「口が軽い」「おしゃべりである」「軽率にしゃべる」「秘密を守れない」を意味しますが、この表現は常にネガティブな意味で使われます。

　類似のフレーズ **open one's big mouth**（自分の大きな口を開ける）も、「軽率な発言をする」「無分別にものを言う」「生意気な口をきく」を意味します。また、**open** の反対の **shut** を使った **shut one's big mouth** は「口を閉ざす」「口をつぐむ」「黙る」という意味です。

....

A: このことはヘレンには内緒だよ。彼女、**口が軽い**から。
B: 心配しないで。私もそれは知っているから。

第一章　会話のキッカケを作る・会話を弾ませるフレーズ

1-17 「あなたと一緒に右へ行きます。」？？

I'll be right with you.

A: Professor Hill, I'd like to ask you now.
B: Sure, Meg. But, be seated if you will. <u>I'll be right with you.</u>

ネイティブはこう使う

すぐに戻ります。

　例えば、お店で商品説明を受けているときに、店員が別の客に呼ばれたとしましょう。その店員が場を離れる際に、「ちょっとお待ちください（あるいは、ちょっと失礼します）、すぐに戻りますから」と言いますね。この「すぐに戻ります」に相当する英語が **I'll be right with you.** なのです。この **"right"** には「ちょっと（で）」「すぐに」というニュアンスがあります。「ちょっとお待ちください」には、**One moment, please. ／ Just a moment, please. ／ I'll be with you in a moment.** がよく使われます。**Wait a minute. ／ I'll be back soon.** なども使われます。

　また、戻ってきて、「お待たせしました」は、**Thank you for waiting.** です。長く待たせた場合は、**Sorry to have kept you waiting.** と言います。

A: ヒル先生、お尋ねしたいことがあるのですが。
B: いいよ、メグ。でも、ここに座ってて。**すぐに戻るから。**

1-18 「私がそれを取ります。」？？

I'll get it.

A: Oh, that's the phone ringing.
B: All right. I'll get it.

ネイティブはこう使う

（私が電話・玄関に）出ます。

このフレーズは、「（私が電話に）出ます」「（ドアベルが鳴ったので、来客の応対で、私が玄関に）出ます」という意味です。電話に出たり、玄関の呼び出し音に出たりするときに使われます。時には、**answer the phone**、**answer the bell** [**doorbell**]と、**get**の代わりに**answer**が使われることもあります。

この意味とは別に、**I'll get it.** には、食事をして、相手が代金を払おうとしているとき、あるいは払えないような素振りをしているときに、「（じゃあ、）僕が払うよ」を意味して使われることもあります。

A: あら、電話（が鳴っている音）だわ。
B: 大丈夫。**僕が出るから。**

1-19 「私はそれの面倒を見ます。」??

I'll take care of it.

A: This is on me.
B: Oh, no. I'll take care of it.

ネイティブはこう使う

私にお任せください。

take care (**of**) は「(〜に) 気をつける」「留意する」という意味ですが、主に《米》では **Take care!**「元気で!」「気をつけて!」という別れの挨拶として使われます。また、実際に相手の健康状態などが気になる場合の「お体に気をつけて」は、**Take good care of yourself.** です。「お体」を直訳して、**Take care of your body.** とは言いません。

また、この **take care of** には、「仕事・作業を片づける」「役割を引き受ける」「問題を処理する」「食事代を払う」という意味もあります。例えば、会社で「(先に退社するので) 後はよろしく」という上司の言葉に対して、部下が応じる「後は (私が) やっておきます」は、**I'll take care of it.** に相当します。

さらに、食事の後片づけを「私がやります」も、英語では **I'll take care of it.** と表現します。「私にお任せください」と理解しておくとよいでしょう。

A: ここ (の勘定) は私がおごるわ。
B: いえいえ。**私が払いますから。**

1-20 「行かなくちゃ。」??

I've got to go.

A: Linda, sorry, I've got to go.
B: Well, I'll call you again tomorrow.

ネイティブはこう使う

もうおいとましなくちゃ。
そろそろ(失礼して)電話を切るわ。

「行かなくちゃ」と言っても、どこへ行くかは状況・文脈によって異なります。(特に親しい間柄で)脈絡なしに **I've got to go.** と言えば、「トイレ(お手洗い)に行かなきゃ」という意味になります。

友人・知人のお宅や事務所にお邪魔して、**Oh, it's four already. I've got to go now.**「あら、もう4時だわ。おいとましなくちゃ」などと言って、辞去します。

この **I've got to go.** という表現は、「相手からの長電話を切るときの口実」としてもよく使われます。「そろそろ(失礼して)電話を切るわ」を意味する慣用表現です。もちろん、実際にどこかへ出かける必要はありません。

A: リンダ、悪いけど、**もう切るわ**。
B: じゃあ、明日また電話するね。

1-21 「5を取ろう！」？？

Let's take five!

A: Let's take five!
B: That sounds good. We have been working for three hours.

ネイティブはこう使う

ちょっと休もう！

Take Five「テイク・ファイヴ」は有名なジャズの曲で、いろいろなミュージシャンが演奏しているので、ご存じの方も多いと思います。しかし、直訳の「5を取ろう！」が何を意味するかわかりますか？ 実は、この **take five** は、**take a break for five minutes**「5分間休憩を取る」を略したものなのです。もちろん、5分間キッカリではなく、「ちょっと休む」という意味です。したがって、**Let's take five!**「ちょっと休もう」「休憩にしよう！」「お茶（の時間）にしよう！」で、**Let's have a coffee break!** と同じ意味です。

ちなみに、**five** を使った表現に **Give me five!** があります。この **five** は5本の指のことです。スポーツ選手などが、試合でうまくいったときなどに、互いに手を高く挙げて手の平と手の平をパチンと打ち合わせることがありますが、そのことです。（特に成功などを祝して）「ハイタッチしよう！」を意味します。

A: ちょっと休憩しようよ！
B: いいねえ。3時間も働きづめだったからね。

1-22 「自分のお茶」？？

one's cup of tea

A: That kind of movie is just not <u>my cup of tea</u>.
B: Is that so? I like it, though.

ネイティブはこう使う

自分の好み、得意(である)

　紅茶好きのイギリス人にはそれぞれ好みの紅茶（の銘柄）があり、また飲み方も異なるようです。**one's cup of tea** はこのことから生まれたフレーズで、「自分の好み」「得意（である）」という意味です。婉曲的には「自分の好きなもの」「お気に入りのもの」を意味します。紅茶よりもコーヒーを好むアメリカ人も、この表現をよく用います。

　また、肯定文で使われることもありますが、一般には、**Karaoke is not my cup of tea.**「カラオケは得意じゃないよ」などと否定文で使われます。この言い回しは、「もの」ばかりでなく、「人」も対象にされます。また、**just** を使って、調子を強めることもあります。

　似た表現に、**another cup of tea** があります。**This is another cup of tea.**「これでは、話が違うよ」という意味です。

A: あの種の映画は**好み**じゃないよ。
B: そう？　私は好きだけど。

1-23 「すぐに会うよ。」??

See you soon.

A: It was nice meeting you.
B: See you soon.

ネイティブはこう使う

今後ともよろしくお願いします。

初対面で人に会うと、**How do you do?**（最近では、**How are you?**）や **Pleased to meet you.** と言って握手をします。この英語には、「よろしくお願いします」という意味が含まれていますので、あえて「今後ともよろしく」を言い添える必要はありません。

別れの挨拶は、**Good-bye.** や **See you later.** の他、**I'll be seeing you.** などいろいろです。特に、今後もつき合いを続けたい相手には **See you soon.** 「今後ともよろしくお願いします」がよく使われます。

なお、類似の **See you later.** 「近いうちにまた」は必ずしも特定の日時を指しているわけではありません。

また、**See you again.** はこの次いつ会えるかわからないときに使いますので、注意が必要です。

A: お会いできて大変うれしかったです。
B: **今後ともよろしく（お願いします）。**

1-24 「シェイプアップする」？？

shape up

A: How is your project coming, John?
B: You don't have to worry, sir. It is <u>shaping up</u> nicely so far.

ネイティブはこう使う

うまく形になる、うまくいく

　日本語で「シェイプアップ」と言うと、一般に「減量や美容のために外見を調整する」という意味で使われますが、英語にこの意味はなく、もともとは「ある形に落ち着く」「具体的な形をとる」「まとまる」ことで、「うまく形になる」「うまくいく」「進展する」を意味します。したがって、このフレーズは、「体の形を整える」「シェイプアップする」の意味では用いられません。本来の意味では、例えば、**Our sales this season are shaping up quite well.**「当社の今期の売り上げはとても順調です」などと使われます。

　shape up には「行いを正す」「正しく振る舞う」「（習慣・作法に）従う」という意味もあります。

A: ジョン、プロジェクトの進捗状況はどう？
B: 大丈夫です。今のところ、**順調に**いっています。

1-25 「自分の破片を言う」？？

speak one's piece

A: Quiet, everybody. Let me <u>speak my piece</u>!
B: OK, Bill. What do you want to say?

ネイティブはこう使う

自分の言いたいことを言う

　この **piece** は「破片」ではなく、「自分の話の部分」「自分の言い分」、つまり「自分の言いたいこと」という意味です。したがって、**speak one's piece** は「自分の言いたいことを言う」を意味します。

　このフレーズは一般に、特に複数の人々とのおしゃべりで、みんながしゃべるので、自分が話に加わるチャンスがないときに使われます。相手の話を制して、「自分にも言わせて！」を意味するのが **Let me speak my piece.** です。同じ意味では、**speak** の代わりに **say** が使われることもあります。

　ただし、この **speak one's piece** には、「求婚する」という意味もありますので、使用には注意が必要です。

....

A: みんな、少し黙ってよ。僕にも言わせてくれよ！
B: わかったよ、ビル。何が言いたいんだ？

1-26 「意味を作る」??

make sense

A: Why don't we leave early to avoid the traffic jam?
B: Oh, yes. What you say always <u>makes sense</u>.

ネイティブはこう使う

理にかなっている、筋が通っている

　make senseは、相手の言っている内容、書かれた文章などが「理にかなっている」「筋が通っている」という意味です。例えば、**The first part of his paper doesn't make sense.** と言うと、「彼の論文の最初の部分は意味不明だね」を意味します。

　また、このフレーズは、相手や他の人の行動や発想、発言が「納得できる」「道理にかなっている」「うなずける」「もっともだ」「賢明だ」という意味でも使われます。例えば、**What your friend is saying makes a lot of sense.** は、「あなたの友だちの言っていることはとても理にかなってるわ」という意味です。

　いずれの場合も、**make**と**sense**の間に**no**、**more**、**any**、**good**、**some**、**a lot of**などの語句が入ることもあります。**What you're saying doesn't make any sense.** は「お前の言っていること、まったく訳がわからないよ。」という意味です。

A: 交通渋滞を避けるために、早めに出ない？
B: そうね。あなたの言うことはいつも**理にかなっている**わ。

1-27 「それは私にはニュースです。」??

That's news to me.

A: Have you heard that Joan is getting divorced?
B: No, that's news to me.

ネイティブはこう使う

初耳です。

That's news to me. は、今まで知らなかったことや新しい情報を耳にしたときに使われる表現で、日本語の「初耳です」に相当します。今まで知らなかったことや予想しなかったことを聞いたときには、**news** という語がよく使われます。

ちなみに、**"Do you know Mary got married again?" "No, that's news to me!"** 「メアリーが再婚したって知ってる?」「いや、それ初耳だね!」という会話では、**that's news to me** の代わりに、**Her second marriage is news to me.** と **that** の内容を具体的にして表現することもできます。

また、**It's no news to me.** (それは私にとってはニュースではない) と言うと、「そんなこと、とっくに (聞いて) 知ってるよ」という意味になります。

A: ジョーンが離婚するって聞いた?
B: いいえ、**初耳だわ**。

1-28 「何があなたをここへ連れてきたのですか?」??

What brought you here?

A: Justin, you are from the UK, aren't you? <u>What brought you here?</u>
B: To tell you the truth, I've got a full scholarship from here.

ネイティブはこう使う

なぜここへいらしたのですか?

『YOUは何しに日本へ?』というテレビ番組があります。その下に、**Why did you come to Japan?** と英語のタイトルがありますが、この表現はちょっと問題です。

文法的には問題ないのですが、日本へ来た外国人に「なぜ、お前はここへ来たのだ?」と詰問調で、不快感を与えるおそれがあるからです。

自分が生活している土地へ来た外国人と知り合いになって、「なぜ(どんなキッカケで)ここへいらしたのですか?」と尋ねるには、**What brought you here?** を使うべきです。現在形の **What brings you here?**「ここへはどんな用事でいらしたんですか?」も同じ意味でよく使われます。

A: ジャスティン、君はイギリス出身だよね? どうしてこの大学を選んだの?
B: 実を言うと、この大学から全額支給の奨学金をもらったんです。

1-29 「あなたは何をするのですか？」??

What do you do?

A: What do you do, Mr. Brown?
B: I am in computer sales.

ネイティブはこう使う

お仕事は何をなさっているのですか？

How do you do? は「どうぞよろしく」という意味ですが、**What do you do?** はどういう意味でしょうか？「あなたは何をするのですか？」では意味不明ですね。実はこの表現、「お仕事は何をなさっているのですか？」という意味です。

日本語の「今、何をしていますか？」には、「今やっていること」と「今の仕事」の2つの意味があります。電話の相手に「今何しているの？」と尋ねるときは、**What are you doing now?** が適切です。2番目の職業を尋ねる表現は、**What do you do (for a living)?**「生活のために何をしていらっしゃるのですか？」「ご職業は何ですか？」ですが、一般には **for a living** を省略します。第三者の職業を尋ねるときは、**What does he / she do?** です。

A: ブラウンさん、**お仕事は何をなさってるのですか？**
B: コンピュータのセールスをしています。

第2章
ポジティブな気持ちを
表すフレーズ

（人を褒める、人を励ます）

Watch your tongue!

2-1 「早いトリ」??

an early bird

A: How are you going to get Madonna concert tickets?

B: I'm going to line up overnight for the seats. It isn't fun, but <u>the early bird</u> catches the worm.

ネイティブはこう使う

早起きする人、早く行動を起こす人

英語には、日本語の『早起きは三文の徳』に相当する "**The early bird catches the worm.**" という諺があります。多くのトリは虫を食べて生きていて、虫のいる場所へ早くたどり着いたトリが多くのエサにありつけるというわけです。この諺から、**an early bird** が「早起きする人」「早く行動を起こす人」の意味で使われるようになりました。

この諺は、「早い者勝ち」「先んずれば人を制す」という意味にもなります。**catch the worm** の代わりに **get the worm** も同じ意味で使われます。

ちなみに、「早い者勝ち」には、**First come, first served.** という表現もあります。

なお、「早起きの人」は **an early riser** と言い、「朝型人間」は、**a morning person** です。反対の「夜型人間」は **a night person** と言います。

A: マドンナのコンサートチケット、どうやって取るの？
B: 席を取るために徹夜で列に並ぶつもりよ。楽しくはないけど、**早い者勝ち**だからね。

2-2 「自分自身の危険で」??

at one's own risk

A: Mom, can I go climbing Mt. Fuji with my friends?
B: You may go if you wish, but only <u>at your own risk</u>.

ネイティブはこう使う

自己責任で

　英米では、住宅街でも、公園でも、また大学のキャンパスでも、手入れの行き届いた、目にも鮮やかな緑の芝生が一面に広がっています。映画やテレビドラマなどでご覧になったことがあると思います。

　そういった多くの芝生には **Enter at your own risk.** と書かれた看板が立っています。どういう意味かおわかりですか？「芝生には危険を冒して入りなさい→芝生に入るなら自分の責任で」、遠回しには「芝生に入るべからず」という意味です。つまり、**at your own risk** は「自己責任で」を意味します。

　したがって、看板があるにもかかわらず芝生に入ると、撃たれたり、罰金を課せられたりすることはないにしても、かなり厳しく叱責されるのは間違いありません。この種の立て看板を見逃さないよう、くれぐれもご注意ください。

A：お母さん、友だちと富士山登山に行っていい？
B：かまわないわよ。でも、**自分の責任で**ね。

第2章 ポジティブな気持ちを表すフレーズ

2-3 「同じボートに乗っている」？？

be (all) in the same boat

A: The gas prices have recently risen like a rocket.
B: Stop complaining. We're all in the same boat.

ネイティブはこう使う

同じ(悪い)状況にある
みんな同じ苦しい立場にある

　船の上では同船者との言い争いやケンカは慎むべきです。下手にケンカをすると、突き落とされて、海のもくずとなるか、イルカのエサになるのがオチですから。

　be (all) in the same boat は、「同じ船に乗り合わせる」が原義です。「運命共同体」的発想から発展して、「同じ（悪い）状況にある」「みな同じ苦しい立場にある」「運命や境遇をともにする」という意味です。「困難な状況にいる」「ふさわしくない境遇にいる」というネガティブなニュアンスが含まれていますが、一緒に頑張って乗り越えていこうという意識が感じられます。

　all は強調する語で、3人以上の場合に使われます。2人の場合は **both** が使われます。

A: 最近、ガソリンの価格が急上昇したな。
B: ぶつぶつ言うなよ。**みんな同じく苦しいんだから。**

2-4 「弾丸を噛む」？？

bite the bullet (and do something)

A: Hi, Henry, how is your wife, Dolly?
B: She is just fine. But, she finally <u>bit the bullet</u> and went on a diet.

ネイティブはこう使う

困難に立ち向かう覚悟をする
つらい・嫌なことでも勇気を出してやる

　この **bite the bullet (and do something)** というフレーズは、麻酔薬が発明される前の時代のこと、戦場で負傷した兵士の手術をする際に、痛さのあまり大きな叫び声を上げないように、その兵士に柔らかい鉛の弾丸を噛ませたことに由来します。
　特に《米》では、「(困難に立ち向かう) 覚悟をする」「意を決してやる」「つらい・嫌なことでも勇気を出してやる」を意味します。実際には、「覚悟して〜する」という意味で、後に行う内容を続けて使われます。

A: あら、ヘンリー、奥さんのドリー、元気？
B: 元気だよ。でも彼女、**意を決して**ついにダイエットを始めたよ。

2-5 「自分自身の角を吹く」？？

blow one's own horn

A: I don't like Peter's mother.
B: Why not?
A: Because she always <u>blows her own horn</u>.

ネイティブはこう使う

自分の業績や能力を自慢する、自画自賛する

　この **blow one's own horn** というフレーズは、昔、王様などが入城するとき、ラッパを吹いて讃えたことから生まれたそうです。直訳すれば「自分のラッパを吹く」ですが、発想としては「(人を褒め讃えるために持っている) ラッパを自分のために吹く」というものです。そこから発展して、「自分のことを自分で褒める」という意味の決まり文句となります。「(自分の業績や能力を) 自慢する」「自画自賛する」「鼻にかける」の意味で使われます。

　ただし、**one's own** がついているので、必ず自分のことを自慢したり、褒めたりする場合に限り、自分と関連があっても他人を褒めるときには使われません。

A: 僕、ピーターのお母さんのことが嫌いだよ。
B: どうして？
A: 彼女はいつも**自画自賛する**からだよ。

2-6 「脚を折れ!」??

Break a leg!

A: Bill, did you get a job?
B: No, not yet. But, I have another job interview tomorrow.
A: Oh, break a leg!

ネイティブはこう使う

がんばって!

かつて、運・不運に左右される演劇界には、舞台に上がる俳優に、不吉なことや悪いことが起こるように願うまじないをすると、逆によいことが起こるという迷信がありました。また、劇が終わり、観客は、役者がよい演技をしたときにはお金(「お捻(ひね)り」に相当)を投げ、役者はお金を拾うために脚を折り曲げたことから、「お金を投げてもらえるような立派な演技ができるように」と願って、**Break a leg!** と言ったとする説もあります。

いずれも、「がんばれ!」を意味します。この **Break a leg!** という表現は、今日では、演劇のみならず、スポーツの試合や試験など難しいことをやろうとしている人に向かって、「がんばって!」「成功を祈るよ!」の意味で使われています。

第2章 ポジティブな気持ちを表すフレーズ

A: ビル、職は見つかった?
B: いや、まだ。でも、明日、別の面接があるんだよ。
A: そう、じゃあ、**がんばれよ!**

2-7 「両端でロウソクを燃やす」？？

burn the candle at both ends

A: My son started taking some night courses at college.
B: Make sure he doesn't <u>burn his candle at both ends</u>.

ネイティブはこう使う

懸命に働く・勉強する

　このフレーズは、「夜遅くまで働き、また朝早くから働く」の意味で、もとの形は **burn the candle at both ends of the day**（朝と晩にロウソクをともす）ですが、**of the day** が省略された形で使われることが多くあります。

　電気が発明される前の、ロウソクで明かりをとっていた時代のことです。ロウソクは照明としてはあまり明るくなかったので、2つ折りにして両端から火をつけて明かりをとりました。

　ここから転じて、今日では「両側から火をともす」という解釈が一般的になり、「(1日のうちで) 昼間も夜も体を使って働く」、つまり「夜も昼もなく働く」「1日中勉強する」「懸命に働く・勉強する」という意味で使われるようになりました。

A: 息子が大学の夜間コースも取り始めたの。
B: 彼に、決して**がんばりすぎ**ないようにって伝えてね。

2-8 「その本によって」？？

by the book

A: Students in this school are neatly dressed.
B: They have to dress by the book here.

ネイティブはこう使う

杓子定規に、規則どおりに

　by the bookというフレーズは、直訳の「その本によって」から何となく意味がわかるかもしれません。「杓子定規に」「本に書いてあるとおりに」、さらに「型どおりに」「規則どおりに」を意味します。このフレーズには、「ルールや規則に非常に厳格に従う」というニュアンスがあります。

　したがって、**by the book**を使った**do everything by the book**は「何でも型どおりにやる」、**dress by the book**は「規則どおりの服装をする」で、**play it [things] by the book**は「規則・手順・決まり・型どおりに行動する」を意味します。

　なお、**the book**ではなく**a book**とすると、「書物から得る情報や知識・アドバイスに従って」という意味になりますので注意しましょう。

A: この学校の生徒は綺麗な身だしなみをしていますね。
B: この学校では、生徒は**規則どおりの**服装をする必要がありますので。

2-9 「働きすぎるなよ！」？？

Don't work too hard!

A: What's the matter? You look pale.

B: I have an examination for employment tomorrow.

A: Oh, I see. <u>Don't work too hard!</u>

ネイティブはこう使う

あまり無理するなよ！

　試験や試合などを間近に控えている人に、日本人なら「がんばれよ！」と奮起を促します。ところが、このような状況で、英語圏の人々は一般に、**Do your best!** とは言わず、**Don't work too hard!**「あまり無理するなよ！」「ほどほどにね！」と言って、相手をリラックスさせようとします。

　試験や試合で緊張している人に対して、「もっとがんばれ」とハッパをかける日本人と、リラックスさせようと気配りする英米人とでは逆の発想をするのです。

　この **Don't work too hard!** という表現が、何かをしようとしている人への別れの決まり文句として使われるのは、日本と英米の文化の差が表れていて面白いですね。

A: どうした？　顔色が悪いぞ。
B: 明日、就職試験があるんだよ。
A: あっ、そう。**あまり無理するなよ！**

2-10 「どのイヌにも自分の日がある。」??

Every dog has his day.

A: Mr. Young failed in business again.
B: Tell him not to worry so much. Every dog has his day.

ネイティブはこう使う

誰の人生にもいいときはあるもの。
幸運は誰にでも一度は訪れる。

この **day** は「全盛期」という意味です。**Every dog has his day.** というフレーズは、「誰の人生にもいい時はあるもの」「悪いことばかりあるわけではない」「幸運は誰にでも一度は訪れる」を意味します。日本語の諺『イヌも歩けば棒に当たる』に当たります。

この日本語の諺には、2つの解釈があります。1つは、積極的に行動すると損な目に遭うので、ジッとしていて動かないほうがよいとする戒めです。もう1つは、取り柄のない人間でも、積極的に行動すれば思いがけない幸運にめぐり合えることがあるという解釈です。

A: ヤングさんはまた事業に失敗したよ。
B: 彼に、そんなに心配しないようにって言って。**誰だって、悪いときばかりではないから。**

2-11 「そこでぶら下がれ！」??

Hang in there!

A: Father, I can't climb any farther.
B: <u>Hang in there!</u> Just a little more and we'll be at the top.

ネイティブはこう使う

がんばれ！

hang in (there) は「（くじけずに）がんばる」「がんばり抜く」という意味で、そこに食らいつくというニュアンスがあります。多くの場合、スポーツの試合で選手やチームを応援する際、「がんばれ！」と励ますときに使われます。

試合で勝ったチームのスポーツ選手が、試合後のインタビューで、**It was really a tough game but we hung in there.**「本当に厳しい試合だったけれど、がんばりました」などと言うのを聞いたことがある方もいらっしゃるでしょう。

「がんばれ！」を意味する他の表現には、**Don't give up!**「あきらめるな！」、**More power to you!**「がんばれよ！」、**Good luck on your entrance exams!**「入試、がんばれよ！」などがありますが、相手を励ますときは、**Hang in there!** が一般的です。

A: お父さん、もうこれ以上登れないよ。
B: **がんばれ！** あと少しで頂上だから。

2-12 「ボールを持つ」??

have a ball

A: How was your trip to Hawaii?
B: We had a ball. We'd like to go there again.

ネイティブはこう使う

とても楽しい時を過ごす

ball には野球やサッカーなどの球技で使う「ボール」「玉」などの他に、「舞踏会」「ダンスパーティー」という意味があります。舞踏会やパーティーは楽しいものです。もともと、**have a ball** は「舞踏会を催す」という意味でしたが、今日では、その意味ではあまり用いられません。「とても楽しい時を過ごす」という意味で使われます。「舞踏会を催す」は一般に、**give a ball** とか **hold a ball** と言います。

例えば、**I'm having a ball.** は「とても楽しんでいます」、**have a ball at the dance** は「ダンスパーティーを大いに楽しむ」という意味です。

さらに、**have oneself a ball** の **oneself** は強調で、「非常に楽しい時を過ごす」「大いに楽しむ」を意味します。ただし、このフレーズは、反語的に「さんざんな思いをする」という意味で使われることもあります。

A: ハワイ旅行はどうでしたか?
B: **とても楽しかったですよ。**また行きたいです。

第2章 ポジティブな気持ちを表すフレーズ

2-13 「緑色の親指を持つ」？？

have a green thumb

A: Steve's garden is always beautiful.
B: His wife must <u>have a green thumb</u>.

ネイティブはこう使う

園芸の才がある、庭いじりが得意・上手である

かつて、イタリアの修道院に庭の手入れが上手な修道士がいました。あるとき、この噂を耳にした同僚の修道士たちが、彼の仕事ぶりを見に行きました。その中の1人が、植物の育て方がうまい彼の親指が緑色になっていることから、**green thumb** と言いました。ここから、**have a green thumb** は「園芸の才がある」「庭いじりが得意・上手である」を意味するようになりました。《英》では **have green fingers** と言います。また、反対の「園芸の才がない」は **have a black thumb** です。

ちなみに、**thumb** を使った他のフレーズには、**be all thumbs**（すべて親指である）があります。「手先が不器用である」「(手仕事などに) 役立たない」という意味です。手の指が「親指」だけでは手先が器用とは言えなさそうですよね。

A: スティーブのところの庭、いつも綺麗ね。
B: きっと彼の奥さんに**園芸の才がある**のよ。

第2章 ポジティブな気持ちを表すフレーズ

2-14 「黄金の心を持つ」??

have a heart of gold

A: Your grandmother is 92? What kind of woman is she?
B: Yes, she is. She never speaks ill of other people, and she has a heart of gold.

ネイティブはこう使う

美しい心(根)を持っている

　heart of gold（黄金の心）の直訳から、「黄金のように美しい心」という意味であることが想像できますね。このフレーズは「優しい心」「優しい心根」「思いやり」を意味するのです。したがって、**have a heart of gold**（美しい心（根）を持っている）という意味で、「優しさ」の意味合いが強いとされる女性や老人について使うことが多く、最高の褒め言葉とされています。

　また、**with a heart of gold** は「美しい心を持った」という意味で、**My aunt is gruff, but she's a woman with a heart of gold.**「私の叔母はぶっきらぼうだけど、根は優しいのよ」などと使われます。

A: あなたのおばあさまは92歳ですってね？　どんな人なんですか？
B: ええ、そう。絶対に人の悪口は言わない、**根の優しい人**だわ。

2-15 「自分自身を助けなさい!」??

Help yourself!

A: Please <u>help yourself</u> to some more fried chicken.
B: No, thank you. I've had more than enough. I'm full.

ネイティブはこう使う

もっと食べなさい・取りなさい!

help oneselfは、「(食べ物や飲み物を)自由に取って食べる」という意味です。一般に命令文で使われますが、具体的には後ろに「**to** +食べ物」をつけて、「～をもっと食べて」を意味します。

ちなみに、日本人は、招待した客に、「何もございませんが、どうぞ」などと言いますが、英語圏の人々は「どうぞ召し上がってください」を意味して、**Please help yourself!** と言います。

また、客を招いた場面に使う表現として、「冷えないうちに、どうぞ」なら、**Please start before it gets cold.** です。**Go ahead and eat.**「どうぞ召し上がって」もよく使われます。親しい間柄では**Let's eat!**／**Let's dig in!**(さあ、食べよう!)がよく使われます。

A: どうぞフライドチキンを**もっと召し上がって**ください。
B: いえ、結構です。もう十分いただきましたので。お腹がいっぱいです。

2-16 「道路を打つ」??

hit the road

A: When are you <u>hitting the road</u> for San Francisco?
B: Tomorrow. At 8:30 in the morning.

ネイティブはこう使う

出発する、旅に出る、立ち去る

このフレーズはもともと「ヒッチハイクをするために通りに出る」という意味でしたが、今では、一般に「(長い道のりに向けて)踏み出す」、つまり「出発する」「旅に出る」「立ち去る」という意味で使われます。

hit には「打つ」の他、「接触する」という意味があります。**hit the road** は、道路を通るには徒歩でも車でも、あるいはウマでも、靴、タイヤ、蹄などが路面に接触することから生まれています。

したがって、このフレーズは、「道路に接触する」から、徒歩か車による「旅」に使われ、どんな「長旅」でも、列車や飛行機、船などの「旅」には使われません。

hit the road for home は「家に向かう」「家路につく」を意味します。そこから、命令文の **Hit the road!** は「出て行け!」「うせろ!」という意味になります。

A: サンフランシスコへはいつ**発たれる**んですか?
B: 明日です。朝の8時半です。

2-17 「トーストを申し込みたい。」??

I'd like to propose a toast.

A: Well, I'd like to propose a toast to Tom's promotion.
All: Cheers!

ネイティブはこう使う

乾杯の音頭を取らせていただきます。

「トースト」はキツネ色に焼かれたパンですが、**propose a toast** とはどういう意味でしょうか？

古代ギリシャでは、ワインに毒を入れて暗殺を図る事件が多発しました。そのため、宴席では主人がワインをひと口飲んで毒が入っていないことを確認してから客に勧めたそうです。つまり、毒が入っていなかったことを祝って、「乾杯」したのです。

この祝杯のワインにパンの小片を入れたことから、英語の **toast** が「乾杯」を意味するようになったとされています。そこで、**propose a toast** は、「乾杯の音頭を取る」を意味するようになりました。この習慣は友情と親交を深める証とされています。

A: それでは、トムの昇進を祝って、**乾杯したいと思います**。
全員：乾杯！

第2章 ポジティブな気持ちを表すフレーズ

2-18 「いい形で」??

in good shape

A: How have you been these days?
B: I've been <u>in good shape</u>.

ネイティブはこう使う

コンディションがいい

shapeには「姿、形」の他に「健康、調子」という意味があることから、**(be) in good shape**は「コンディションがいい」という意味を表します。「絶好調だ」は**(be) in great shape**で表します。反対の「よくない」は**be in bad shape**です。「調子がよくない」は**I'm not feeling well.**や**I don't feel like myself.**とも言います。また、「体調を崩している」は、**be out of shape**と表現することができます。

ところで、テレビのリポーターが、スポーツ選手に、「今日のコンディションはいかがですか?」などと体調を尋ねているシーンを見ることがあります。これを英語に直訳して、**How's your condition?**と言っても、ネイティブスピーカーには通じません。英語の**condition**は主に機械やエンジンの調子(コンディション)について使われる語だからです。言うまでもなく、一般に体調を尋ねるには、**How are you (today)?**を使います。

A: 最近、調子はどうですか?
B: **コンディションは上々だよ。**

2-19 「それは風で落ちたもの。」??

It is a windfall.

A: They say Tom won a prize in the lottery.
B: It is just a windfall.

ネイティブはこう使う

棚ボタだね。

「風で落ちたもの」とは何でしょう？ 梨？ 桃？ それとも柿？「風で落ちたもの」ですから、果物や木の葉がもともとなのですが、このフレーズでは「棚からボタ餅」を意味します。

中世の英国で、農夫を悩ませたのは燃料不足です。当時、国王の命により、一般人が樹木を切り倒すことが禁じられていました。燃料の薪として使えるのは、風で吹き飛ばされた枝木や風倒木だけでした。しかし、それとて、それほど容易に手に入るわけではなく、これらにありつけるのは、極めて幸運なことでした。

ここから転じて、**windfall** は、「思わぬ授かりもの」「儲けもの」、さらに転じて「棚ボタ」という意味で使われるようになったのです。

A: トムのやつ、宝くじに当たったらしいぞ。
B: **それは**、まさしく**棚からボタ餅**だな。

2-20 「それは私を動かした。」??

It moved me.

A: How was his new novel?
B: Great. It really moved me.
C: Have you seen that movie?
D: Yes, of course. I was so moved with the last scene.

ネイティブはこう使う

感動した。

moveには「(物を) 動かす」「移動させる」という意味があります。この他に、moveは「(人を) 感動させる」「(感情を) かき立てる」という意味でも使われます。日本語でも「心を動かす」と言いますね。

したがって、**His concert moved me.** は「彼のコンサートは私を感動させた」→「彼のコンサートには感動した」を意味します。

また、受動態にして **I was moved by his concert.** と言うこともできます。

....
A: 彼の新しい小説どうだった？
B: 素晴らしかったよ。本当に**感動した**わ。
C: あの映画、見た？
D: ええ、もちろん。ラストシーンにはすごく**感動した**わ。

2-21 「接触を保ちなさい！」？？

Keep in touch!

A: Be sure to e-mail me, Frank.
B: Sure. Let's <u>keep in touch</u>.

ネイティブはこう使う

連絡してよ！

Good-bye. に代表される別れの挨拶にはいろいろな表現があります。**So long./See you then./See you later.**「じゃあ、また後で」などの他、**Take care (of yourself).**「では元気で」「気をつけて」、親しい間柄では **Take it easy.**「気楽にね」「じゃあね」、午前中の別れでは **Have a good day.**「よい一日を」、旅行を含め、ピクニックとかスポーツをしたり、スポーツ観戦に出かける人に対しては **Have fun.**「楽しんで」などがあります。

Keep in touch. も別れの挨拶として使われます。しばらく会えない相手に対して、「連絡してよ」という意味です。似たフレーズには、**Get in touch.**「連絡を取る」や **Stay in touch.**「連絡を取り合う」もあります。いずれも、日本語の「じゃあ、またね」を意味する別れの挨拶です。

A: フランク、必ずメールしてくれよ。
B: うん。**連絡を取り合おう**よ。

2-22 「自分の指を交差させておく」??

keep one's fingers crossed

A: When is your job interview?
B: Oh, it's this Friday.
A: Good luck! I'll <u>keep my fingers crossed</u> for you.

ネイティブはこう使う

成功・幸運を祈る

このフレーズは、十字架が厄払いになるという迷信に由来しています。英語圏の人々は、これから大事な試験を受けたり、試合に臨んだり、何か大きなことに挑戦する人に、人差し指の上に中指を重ねた手の甲を向けながら、**I'll keep my fingers crossed for you.**「成功・幸運を祈っているよ」と言います。一般には、略して **Keep my fingers crossed.** が使われることが多いです。

手のしぐさだけで、口に出して言わないこともあり、また手のしぐさをせず **Cross one's fingers.** とだけ言うこともあります。この表現は、まじないの1つとされています。

A: 就職の面接はいつですか？
B: 今週の金曜なのです。
A: がんばってね！ 幸運を祈っていますからね。

2-23 「家で自分自身を作りなさい。」？？

Make yourself at home.

A: You have a nice room.
B: Please make yourself at home. I'll make some coffee.

ネイティブはこう使う

おくつろぎください。

　外国人のお宅に招かれたり訪問したりすると、必ずといっていいほど **Make yourself at home.** と言われます。「自分の家にいるときのようにしてください」、つまり「楽にしてください」「おくつろぎください」という意味です。自宅に外国からの客を招いたら、ぜひ使いたい表現です。

　また、似たフレーズに **feel at home** もあります。この表現には、「場慣れする」の他、「くつろいだ気分になる」「自分の家にいる気分になる」という意味があります。**I feel at home here.** は「ここにいると、自分の家にいるようで、くつろげます」という意味です。

A: 素敵なお部屋ね。
B: どうぞ**楽になさって**。今コーヒーを入れますから。

2-24 「汗がない！」？？

No sweat!

A: Are you sure we can make it to the airport in ten minutes?
B: Yeah, no sweat!

ネイティブはこう使う

楽勝だ！

No sweat! の発想は「（それをするのに）汗もかかない！」です。何をしても汗をかかないわけですから、「楽勝だ」「とても簡単」「朝飯前だ」を意味します。

試験や仕事で心配そうな顔をしている相手に、**No sweat!** と言うと、「心配ないよ」「（簡単だから）大丈夫だよ」と、相手を安心させます。このフレーズは、相手の依頼や不安な言葉に対して、自信を持って請け合うときの返事としても使われます。したがって、「問題ないよ」「そんなこと何でもない」「任せといて」などの日本語に相当します。

ただし、これは、男性がよく使うフレーズであることを知っておきましょう。

A: 本当に、あと10分で空港へ着けるの？
B: うん、**任せといて！**

2-25 「この世から」？？

out of this world

A: How was your trip to France?
B: <u>Out of this world.</u> I want to go there again. But, I have to study French next.

ネイティブはこう使う

最高に素晴らしい

　直訳は「この世から」ですので、「あの世へ」という意味を想像したでしょうか？　実は、「この世から離れている」「この世のものとは思われない（くらい）」から発展して、「最高に素晴らしい」を意味するようになりました。「天下一品で」「ずば抜けて素晴らしい」という意味にもなります。

　ただし、まれに皮肉で「途方もない」「現実離れした」の意味で用いられることもあります。

A: フランス旅行はどうだった？
B: **最高だったわ**。また行きたいわ。でも、今度はフランス語を勉強しなきゃ。

2-26 「自分の袖をまくる」？？

roll up one's sleeves

A: Hey, Bob, do you know what time it is now?
B: Yes, it's one fifteen already.
A: Then, why don't you roll up your sleeves and get to work?

ネイティブはこう使う

気合いを入れて取りかかる

　夏の暑い日には、長袖のシャツを着ていると、袖をまくりたくなりますね。そのことを直訳したような **roll up one's sleeves** ですが、意味は異なります。日本語では、気持ちを引き締めて事に当たることを「褌(ふんどし)を締めて（仕事に）取りかかる」と言いますが、英語では、仕事に取りかかったり、気合いを入れたりすることを、**roll up one's sleeves** と表現します。まさにこのフレーズが、日本語の「褌を締めて・気合いを入れて取りかかる」に相当します。この後によく **and get to work** が続きます。気合いを入れて何かに取りかかる比喩として、日本語では「褌」が、英語では「袖」が使われるのが面白いですね。

　このフレーズは、「物事を精力的に行うときのしぐさ」としても使われます。**tighten one's belt**「ベルトを締める」も同じ意味です。

第2章 ポジティブな気持ちを表すフレーズ

A: おい、ボブ、今何時か知ってるのか？
B: もう1時15分です。
A: じゃあ、褌を締めて仕事に取りかかったらどうなんだ？

2-27 「自分の(本当の)色を示す」??

show one's (true) colors

A: The new girl is prim and proper now, but soon she will <u>show her true colors.</u>

B: Why? Do you know anything about her?

ネイティブはこう使う

本性を現す

　昔、大洋を航海する船は自分の国を示すために、自国の国旗を掲げました。ときには、敵国を欺くために、敵国と親しい国の旗を揚げる船もありました。一方、敵国の船に自分が敵であることを示したり、味方の国の船に自分が味方であることを示したりするとき、**show one's true colors**(本当の色を見せる)と言ったのが始まりです。この**colors**は「国旗」「船旗」を意味します。したがって、**show one's colors**は、比喩で「本性を現す」「態度・立場を明らかにする」という意味で使われます。

　また、このフレーズをもとにしたものに、**show someone in the true colors**「人の本性を暴く」「正体を暴露する」という表現もあります。

A: 新しく入った女の子、今はすましているけど、すぐに**本性を現す**よ。
B: どうして？　彼女のことを何か知ってるの？

2-28 「自分の背中を見なさい。」??

Watch your back.

A: Come on, that's enough.
B: No, <u>watch your back</u>. This hasn't been settled yet.

ネイティブはこう使う

気をつけろ。

「自分の背中を見ろ」と言われても、後ろに目がついているわけではないので、物理的に不可能です。でも、意味は何となくわかりませんか？　自分の背中、つまり後ろまで気をつけて見ておくというところから、「気をつけろ」「油断するな」という意味です。命令文で使われることが多いです。

「気をつける」には **be careful** も使われます。「ガラス製品は慎重に扱いなさい」は **Be careful handling glassware.** と表現します。ちなみに、日本航空の機内で出されるコーヒーカップには、**Careful, the beverage you're about to enjoy is extremely hot.**「容器の中の飲み物は非常に熱いのでお気をつけください」とあります。

watch を使ったフレーズには、**Watch your step.**（足元に気をつけて）や **Watch your head.**（頭上に注意）などがあります。

A: おい、もう十分だろ。
B: いいや、**油断するな**よ。まだケリがついてないからな。

第2章　ポジティブな気持ちを表すフレーズ

2-29 「自分の舌を見守りなさい!」??

> # Watch your tongue!

A: Alan, get out of here! I never want to see your face again.
B: Bobby, <u>watch your tongue!</u>

ネイティブはこう使う

口のきき方に気をつけなさい!

　このフレーズは、「口のきき方に気をつける」「言葉づかいに気をつける」という意味です。**tongue**には「舌」という意味から「言葉を発する源」、つまり「言葉」「話す力」という意味があります。乱暴な口をきいた人や、その場にふさわしくない表現をした人をたしなめるときに使われます。したがって、一般には、命令形で使われます。

　このフレーズでは、**tongue**の代わりに、**language**や**mouth**を使った、**Watch your language.** や **Watch your mouth.** でも同じ意味になります。また、**Be careful about your language.** と言うこともあります。

A: アラン、失せろ!　お前の顔なんかもう二度と見たくないよ。
B: ボビー、**口のきき方に気をつけろよ!**

2-30 「我々は家族です。」？？

We're family.

A: Who's your new boyfriend? <u>We're family.</u> You can tell me.

B: No, I can't tell you.

ネイティブはこう使う

水くさいぞ。

　直訳の「我々は家族だ」で意味は通ります。しかし、**a family**は集合的に「家族(の者たち)」「一家」を意味しますが、不可算名詞では「(家族に親類を含めた)身内」を意味します。このフレーズの場合、**a**や**the**の冠詞も、**my**などの人称代名詞もつけません。

　そこで、今回の**We're family.**は、拡大解釈して「我々は身内だ」から「水くさいぞ」という意味で使われます。あることを内緒にしていたときなどに発する言葉ですね。

　この意味では他に、**You're treating me like a stranger.**「私をよそ者のように扱ってるな」や、**We're not strangers.**「我々はよそ者じゃないんだぞ」、**We're friends, aren't we?**「友だちじゃないか？」も使われます。

A: 新しいボーイフレンドって誰なの？　**水くさいわね**。教えてよ。
B: ダメ、言えないわ。

第2章　ポジティブな気持ちを表すフレーズ

a backseat driver

第3章
ネガティブな気持ちを表すフレーズ
(人を叱る・非難する、困ったとき)

3-1 「後部座席のドライバー」??

> # a backseat driver

A: Yumi, you don't like Aunt, do you?
B: No, because she always tries to be a backseat driver.

ネイティブはこう使う

余計な口出しをする人、お節介な人

　車の後部座席に座って、「信号が赤になるからブレーキを踏め」「幼児が飛び出すからスピードを落とせ」と運転について必要以上にあれこれ口うるさく言う人が、みなさんの周りにもいませんか？　こういう人のことを、英語では **backseat driver** と呼びます。今日では、車の運転に限らず、何かにつけて差し出がましい人を指します。つまり、「(自分に関係・責任のないことに) 余計な口出しをする人」「お節介な人」のことです。

　ところで、車の **passenger's seat** はどの席かご存じですか？　これは運転席の隣の席のことで、日本語では「助手席」です。**assistant's seat** とは言いません。ちなみに、英米では、人の車に乗せてもらうときは、**passenger's seat** に乗るのがマナーとされています。

A: ユミ、おばさんが好きじゃないの？
B: ええ、だって、あのおばさん、いつも**余計な口出し**するから。

3-2　「長い顔」？？

a long face

A: Why <u>the long face</u>? What's wrong with you?
B: I saw my girlfriend walk with some other guy.

ネイティブはこう使う

仏頂面、悲しそうな表情、不機嫌な顔

　a long face と聞くと、長い顔をした「馬面」の人を思い浮かべそうですが、そうではありません。寝起きが悪いとき、不機嫌なとき、面白くないことが起こったときなどの顔を想像してください。それが **long face** で、「仏頂面」「悲しそうな表情」「不機嫌な顔」を意味します。物事がうまく運ばずにしょげて、何か面白くないことがあったときに、口の両端と目が下がり、顔が長く見えることから生まれた表現です。また、がっかりしたときの「浮かぬ顔」の意味でも使われます。「仏頂面をする」は **put on [make] a long face** と表現します。

　face を使った他の表現には、**a sulky face**「（主に子どもや若い人が下唇を突き出した）不機嫌な顔」、**a sour face**「苦虫を噛みつぶしたような顔」などがあります。

A: **不機嫌な顔**をして、どうしたんだい？
B: 彼女が他の男と歩いているところを見かけたんだよ。

3-3 「濡れた毛布」？？

a wet blanket

A: Susan always acts like a wet blanket.
B: I agree, but she doesn't notice it herself.

ネイティブはこう使う

座を白けさせる人・もの

かつてアメリカ先住民（**Native American**）がキャンプでの火を消すために、近くの川の水に浸した毛布を使ったことに由来するフレーズです。「火」は情熱や興奮を表すため、濡れた毛布でその火を消すことは、興奮を鎮めることを意味します。

ここから発展して、宴会などが盛り上がっているときに水を差すような言動で「その場にいる人々を白けさせる人・物」「気勢をそぐ人・物」を意味するようになったのです。

したがって、パーティーなどで盛り上がっていて、みんながもう一軒行こうとしているのに、「門限があるので」などと断る人には、**Don't be a wet blanket.**「白けさせないで」と言います。

A: スーザンって、いつも**座を白けさせる**わね。
B: 同感。でも彼女、そのことに気づいてないんだよ。

3-4 「アキレスの踵(かかと)」??

Achilles(') heel

A: Mother, here is my report card.
B: Let me see it. Well, it is almost perfect, but music is your Achilles' heel.

ネイティブはこう使う

唯一の弱点、泣きどころ

直訳は「アキレスの踵」ですが、意味は「唯一の弱点」です。**heel** は足の重みがかかる部位なので、漢字では「踵」と書きます。

ギリシャ神話に出てくるアキレス(**Achilles**)が赤ん坊のとき、母親が彼が「将来戦死する」と予感して、彼の足をつかんでぶら下げ、三途の川(**Styx**)に全身を浸けました。このため、アキレスは不死身の勇士になり、英雄視されたのです。こうして、彼は後にトロイ戦争に従軍して活躍しましたが、このときに敵が放った毒矢が彼の踵に刺さり、戦死してしまいました。実は、彼の母親が彼を川に浸けたとき、つかんでいたのは踵でした。その踵の部分だけが水に浸からなかったのです。

ここから、比喩で「唯一の弱点」「泣きどころ」「(完璧に見える人や物の)致命的な弱点」を意味するようになったとされています。

A: お母さん、成績表よ。
B: 見せて。うん、ほぼ完璧だけど、音楽が**唯一の弱点**ね。

3-5 「お湯の中にいる」??

be in hot water

A: What happened? You're white as a sheet.
B: My girlfriend left me, on top of that, I lost my credit cards. I <u>am</u> really <u>in hot water</u>.

ネイティブはこう使う

困難な状況にある、厄介なことになっている

この起源には2つの説があります。1つは、昔、宣教師が人食い人種に捕らえられて、釜の中で茹でられ、人間スープとして食べられたという故事に由来するものです。もう1つは、かつて不法侵入者を追い返すために、彼らにお湯をかける風習があったことに由来するというものです。

もうおわかりかと思いますが、「お湯の中にいる」とは、温度にもよりますが、苦しいですね。ここから、「困難な状況にある」「まずい・厄介なことになっている」「苦境に陥っている」を意味するようになったのです。

同じ意味を表す表現には、**in hot soup**があります。これは、**in hot water**をユーモラスに変化したものです。

A: どうしたんだい？ 顔色が悪いぞ。
B: ガールフレンドには振られ、それにクレジットカードは失くしちゃって、本当に**困ってる**の。

3-6 「水から上がった魚のようである」??

be like a fish out of water

A: How is the new ALT?
B: Well, he went to back to the U.S., because he said he <u>was like a fish out of water</u> in Tokyo.

ネイティブはこう使う

状況・場面になじめない

a fish out of water は、水から上がった魚が自由に動き回れず、とても哀れな存在であるという発想から生まれた表現です。つまり、「状況・場面になじめない人」のことです。

be like a fish out of water は、「場違いな」「陸に上がったカッパのように」「水が合わない」「不得意な地位で」を意味します。一般には、「勝手が違って落ち着かない」状況でよく使われます。

ちなみに、反対の意味の「水を得た魚のように」は、**be like a fish back in water** と表現します。

A: 新しく来た外国語指導助手はどう?
B: それがねえ、彼、東京が**水に合わない**と言って、アメリカへ帰っちゃったわ。

3-7 「人の頭を噛み切る」??

bite someone's head off

A: Jim, may I use your cell-phone?
B: No! Never! This is my phone, not yours, right?
A: Don't <u>bite my head off</u>! I was only asking.

ネイティブはこう使う

～に当たり散らす、理由もなく～に噛みつく

「人の頭を噛み切る」とは、極めて残酷ですが、これはあくまでも直訳で、実は「イライラが高じて当たり散らす」というニュアンスをオーバーに表現したものと考えるとわかりやすいです。

確かに、たとえ親しくしている人でも、虫の居所が悪いときや機嫌が悪いとき、そんなこととは知らずに話しかけると、すごい剣幕・勢いで怒り出すことがあります。この **bite someone's head off** は、まさにこんな状態を表し、「～に当たり散らす」「理由もなく～に噛みつく」という意味です。

A: ジム、君のケータイ使っていい?
B: ダメ! 絶対ダメだよ! これは僕ので、君のじゃないんだぞ、なっ?
A: そんなに**怒る**なよ。ちょっと聞いてみただけだから。

3-8 「黒いヒツジ」??

black sheep

A: What does your youngest brother do now?
B: He is the <u>black sheep</u> of the family. So, I don't want to talk about him.

ネイティブはこう使う

一家の恥さらし、(家族・団体における)面汚し

　かつて英国では、この黒いヒツジは悪魔の印を毛の中に持っていると信じられていました。加えて、「黒い毛」は、羊毛としても価値がなく、利益を生むというよりも害を及ぼすことのほうが大きい存在とされていたようです。そのため、**black sheep**は、「価値のないもの」「害を及ぼすもの」から発展して、「一家の恥さらし」「(家族・団体・地域社会における)面汚し」「はみ出し者」「鼻つまみ者」を意味するようになったのです。

　一族の全員が立派なのに、1人だけ他より劣り、迷惑をかける存在の人を表しています。

　ただし、**black sheep**に「変わり者」という意味もあります。日本語の「変わっていて個性的な人」という意味はないようです。

A: 今一番下の弟さんは何をなさっているんですか?
B: あいつは一家の**面汚し**なんだよ。だから、彼のことは話題にしたくないよ。

3-9 「人を名前で呼ぶ」??

call someone names

A: Michael is nothing to speak of, but he just likes to talk big.

B: You'd better not call him names behind his back.

ネイティブはこう使う

人の悪口を言う

call someone names を直訳すると「人を名前で呼ぶ」ですが、これは「人の悪口を言う」という意味になります。**names** は複数形で「悪口」を意味します。一般には、1人の人についての悪口であっても複数形が使われます。

ただし、この「悪口」は、「〜の素行が悪い」「〜は金にだらしない」などではなく、「アホ」「バカ」などと、人の名誉を傷つけるような悪口について使います。似た表現には、**speak ill of someone** もありますが、これは「〜を悪く言う」「けなす」という意味です。

A: マイケルは大したことないくせに、大きなことを言うのが好きだな。
B: 陰で**人の悪口は言わ**ないほうがいいぞ。

3-10 「間違った足で降りる」??

get off on the wrong foot

A: How was your first presentation?
B: No good. I got off on the wrong foot.

ネイティブはこう使う

出だしでつまずいて悪い印象を与える

この **get off** は「降りる」ではなく、「出発する」という意味です。**on the wrong foot** は「間違ったほうの足で」を意味します。したがって、この表現は、軍隊やブラスバンドなどの行進で、必ず左足から出ることになっているのに、間違えて右足、つまり「間違ったほうの足から出る」ことに由来します。

比喩として、「(何かを始める際に) 初めから間違う」「出だしでヘマをする」「出だしでつまずいて悪い印象を与える」の意味で使われます。この場合、**get off** の代わりに、**start off** を使っても同じ意味を表します。

第3章 ネガティブな気持ちを表すフレーズ

A: 初めてのプレゼンはどうでしたか?
B: 失敗しました。出だしでつまずきましてね。

3-11 「誰かのヤギを取る」？？

get someone's goat

A: Wayne is an OK guy, but sometimes what he says <u>gets my goat</u>.

B: Yeah. I agree.

ネイティブはこう使う

人を怒らせる、いら立たせる

　昔、競馬で、競走馬の神経を休ませるために、厩舎にウマと一緒にヤギを入れておきました。しかし、しばしば競馬の前夜にこっそりそのヤギを盗んで、出走予定のウマの神経をいら立たせようとする、卑怯な競争相手が現れました。

　このフレーズは、このように、ウマが神経を休ませることができない状況におとしいれることから生まれたものです。「人を怒らせる」「いら立たせる」という意味で使われます。

第3章　ネガティブな気持ちを表すフレーズ

....

A: ウェインはいいヤツなんだけれど、彼の言うことにときどき**腹が立つ**んだ。
B: うん。僕も同感だよ。

3-12 「人に冷たい肩を与える」？？

give someone the cold shoulder

A: Meg gave me the cold shoulder when she saw me with another girl.

B: Are you sure?

ネイティブはこう使う

人を冷たく扱う、よそよそしい態度をとる

cold shoulder とは「冷たくなったヒツジの肩肉」を指します。昔、大事な客には「豪華な（料理したての温かい）食事」を、行商人や物乞いには「冷たい（ヒツジの）肩肉」を出す習慣がありました。

したがって、**give someone the cold shoulder** は、「人に冷たくなった肉を与える」から、比喩で「人を冷たく扱う」「冷たい・よそよそしい態度をとる」「人に冷たくする」「人を無視する」という意味になります。

また、**get the cold shoulder from someone** は、反対に「人につれなくされる」「人に冷たくあしらわれる」という意味です。

A: 他の女の子といるところを見られて、メグに**冷たくされちゃった**よ。
B: 本当？

3-13　「鋭い舌を持つ」??

have a sharp tongue

A: Albert has a sharp tongue, doesn't he?
B: Yes, he does. But he's basically a good person.

ネイティブはこう使う

口が悪い、言葉にトゲがある

　sharpには**sharp knife**「よく切れるナイフ」など「鋭い」という意味の他、「激しい」の意味もあります。**tongue**は、ここでは「舌」ではなく、「言葉」「言い回し」という意味です。つまり、**a sharp tongue**は「きつい言葉・言い回し」「きつい言葉づかい」を意味します。

　have a sharp tongueは「口が悪い」「言葉にトゲがある」「辛辣な口をきく」という意味ですが、「舌鋒鋭い」とは少しニュアンスが異なります。また、**I don't like my aunt with a sharp tongue.**「私、辛辣な口をきく叔母が嫌いなの」と、**with a sharp tongue**もよく使われます。

　ちなみに、日本には「先の尖った鉛筆」を意味する「シャープペンシル」（**sharp pencil**）がありますが、これは和製英語です。正しくは、**a mechanical pencil**（機械仕掛けの鉛筆）と言います。

A: アルバートって、**口が悪い**わよね？
B: ええ。でも、根はいい人よ。

3-14 「胃にチョウチョウがいる」??

have butterflies in one's stomach

A: How was your presentation yesterday?
B: I had butterflies in my stomach, because it was the first time I've made one.

ネイティブはこう使う

緊張・不安でドキドキしている

　私が大学時代、初めて英語の弁論大会に出場したときのことです。出る前の数分間は、緊張で、不安で、ドキドキしっぱなしでした。まるで、お腹に虫でもいるかのような感覚です。**have butterflies in one's stomach**は、この「(緊張・不安で)ドキドキしている」ことを意味します。

　あり得ない話ですが、**butterflies**(チョウ)が**stomach**(お腹)の中に入って飛び回ることを想像してみてください。何とも落ち着かず、不安ですね。この表現は、「あがっている」「その場の雰囲気にのまれている」という意味で、不安や緊張感などを表すときに使われます。

　また、動詞**have**の代わりに**get**を使うと、「ドキドキする」という意味になります。

第3章 ネガティブな気持ちを表すフレーズ

A: 昨日のプレゼンはどうだった?
B: 初めてのプレゼンだったので、**ドキドキしましたよ**。

3-15 「墓で片足を持つ」？？

have one foot in the grave

A: I lent Tomoki one hundred thousand yen. But he didn't pay it back to me at all.

B: Why did you lend him so much money? He has one foot in the grave.

ネイティブはこう使う

死にかけている、今にも死にそうである

have one foot in the grave は、直訳の「墓で片足を持つ」から何となくわかりますね。日本語の「棺桶に片足を突っ込んでいる」と似ています。つまり、「死にかけている」「今にも死にそうである」という意味です。日本語と英語で意味と発想・表現が極めて似ているのは、興味深いですね。

ただし、この **have one foot in the grave** は、老齢だけでなく、病気などでいつ死ぬかわからない状態の人にも使われます。

A: トモキに10万円貸したけど、全然返してくれないんだよ。
B: どうしてそんな大金を貸したんだい？　彼は、**いつ死ぬかわからないんだぞ**。

3-16 「私は壊れている。」？？

I'm broke.

A: John, let's go to *karaoke* after school.
B: Sorry, I can't. I'm broke now.

ネイティブはこう使う

一文無しだよ。

　動詞 **break** の過去形 **broke** は形容詞としても使われ、「無一文の」「文無しの」「からっけつ」「破産した」を意味します。したがって、**I'm broke.** は「一文無しだよ」で、お金がないときに使います。**I have no money.** とか **I'm out of money.**「お金がないんです」は、誰にでも使える一般的なフレーズですが、**I'm broke.** は親しい仲間同士のカジュアルな会話でのみ使われます。

　強調して「まったくの無一文だよ」「スッカラカンなんだよ」は **I'm flat broke.** と言います。「今、あまり持ち合わせがないんだよ」は **I don't have much money with me right now.** と表現します。

　ちなみに、類似のフレーズの **go broke** は「一文無しになる」「破産する」で、**go for broke** は「資力を使い切るまでやる」「一発勝負に出る」という意味になります。

──────────────────────────

A: ジョン、放課後にカラオケに行こうよ。
B: 悪いけど行けないよ。今**お金がないんだよ**。

3-17 「それは君の赤ん坊だ。」??

It's your baby.

A: My girlfriend caused a traffic accident. Would you lend me about 200,000 yen?

B: No. I have nothing to do with her accident. It's not my baby.

ネイティブはこう使う

私には関わりのないことだ。
それは君の問題・責任だ。

かつてつき合っていた女性が、突然、赤ん坊を抱いて玄関に現れ、「これ、あなたの子よ」と言ったら、身に覚えのない人でも真っ青ですね。この **It's your baby.** は子どもの認知を迫るときの表現ではなく、比喩で「私には関わりのないことだ」「それはあなたがやるべきことだ」「それは君の問題・責任だ」という意味です。否定を表す **not** を使って、**It's not my baby.** と言っても同じ意味になります。

A: 彼女が交通事故を起こしたので、20万円ほど貸してくれない?
B: ダメだよ。僕は彼女の事故とは関係ないから。**僕の責任**じゃないよ。

3-18 「私は昨日生まれたのではありません。」??

I was not born yesterday.

A: Linda, you must be careful not to be cheated by that guy.
B: Don't worry. I was not born yesterday.

ネイティブはこう使う

私は世間知らずじゃないですよ。

be born yesterday の直訳は「昨日生まれた」ですが、実は「世事に疎い」「初だ」「騙されやすい」「世間知らずな」「未熟な」という意味です。なぜなら、昨日生まれたばかりなので、「まだ何も知らない」「世間知らず」だからです。

be born yesterday の否定で **be not born yesterday** もよく使われます。**I was not born yesterday.** は「そんな世間知らずじゃないですよ（昨日今日、生まれたわけじゃないから）」という意味で使われます。

A: リンダ、あの男に騙されないように気をつけなさいよ。
B: 心配しないで。私、**世間知らずじゃないわよ**。

3-19 「バケツを蹴る」？？

kick the bucket

A: I haven't seen Fred around here these days. Do you know where he is?

B: They say he kicked the bucket last fall.

ネイティブはこう使う

死ぬ

バケツを蹴ることが、何を表しているのでしょうか。実は、この **kick the bucket** という表現は、「死ぬ」ことを意味します。

このフレーズの起源には2つの説があります。1つは、首吊り自殺をする人が、伏せたバケツの上に乗って、吊るしたロープに首を掛け、自分でバケツを蹴って宙吊りになって首吊り自殺するからとする説です。

もう1つは、かつて畜殺した豚は足を縛って **bucket**（梁（はり））に逆さにぶら下げられました。その豚の後足がこの梁を蹴る形に似ていることからとする説です。

いずれにしても、これは、ややおどけて使われることが多い表現です。

A: 最近、この辺でフレッドを見かけないけど、どこにいるか知ってる？
B: 去年の秋に**死んだ**そうだよ。

3-20 「袋からネコを取り出す」？？

let the cat out of the bag

A: What has happened to Jack and Mary?
B: To tell the truth, she let the cat out of the bag. She said too much to him about her ex-boyfriend.

ネイティブはこう使う

うっかり秘密をばらす

　昔、農村の市場でコブタを布袋に入れて売る習慣がありました。ところが、コブタではなくネコを布袋に入れて相手を騙そうとする悪徳商人がいました。この **let the cat out of the bag** というフレーズは、相手を騙そうとコブタの代わりにネコを入れてきたのはいいのですが、あるとき、偶然にも肝心の「商品」（ここでは、ネコ）が袋から飛び出してしまい、商談が失敗したという話に由来します。「うっかり秘密をもらす」「秘密などをばらす」という意味です。

　このフレーズ、今日では、詐欺、インチキにまつわることに限らず、秘密を漏らすこと全般について使われます。

　また、**The cat's out of the bag.** という文は、「秘密がばれた」という意味になります。

A: ジャックとメアリーはどうなったの？
B: 実を言うと、彼女、**うっかり秘密をばらしちゃったんだよ**。彼に元彼のことをたくさん話しちゃって。

3-21 「反対の方向を見なさい。」??

Look the other way.

A: The very persistent salesperson is coming around again.
B: Look the other way.

ネイティブはこう使う

見て見ぬふりをする。

「反対の方向を見なさい」では、何のことかちょっとわかりませんね。「ある物から目をそらす」と考えると、想像できるのではないでしょうか？ この表現は、比喩ではよく、「見て見ぬふりをする」の意味で使われますが、「黙認する」「目こぼしをする」の意味でも使われます。例えば、**Flood victims need our help. We can't just look the other way.**「水害被害者が我々の助けを必要としているんだぞ。見て見ぬふりはできないだろ」などと使われます。

ちなみに、「見て見ぬふりをする」には、**bury one's head in the sand**というフレーズもあります。「ダチョウは敵に追われると砂に頭を埋めて隠れたつもりでいる」という言い伝えからです。しかし、ダチョウは、敵から身を守るために砂の中に頭を隠すのではなく、実は土の中の種子や虫を探したり、消化を促したりするために少量の砂を食べるそうです。

A: またあのしつこいセールスマンが来たわよ。
B: 知らんぷりしてなさい。

3-22 「私の胃は動転しています。」??

My stomach is upset.

A: You look pale today. Are you all right?
B: It's nothing much. <u>My stomach is upset</u> just a little.

ネイティブはこう使う

お腹の調子が悪い。

　外国を旅行していて、病気になることほど心細いことはありません。軽い風邪くらいなら、持参の薬でどうにかなりますが、もっと深刻な病気で、現地のお医者さんのお世話になる場合、病状を英語で伝えなければなりません。「お腹の調子が悪い」場合は、**My stomach is upset.** と伝えましょう。**I have an upset stomach.** と言っても同じ意味です。**upset** は「動転した」「乱れた」「気を悪くした」という意味の他、「(胃などの) 調子が悪い」を意味します。

　ここで、病状を訴える表現をいくつか挙げておきます。**I feel sick [bad].**「具合が悪いのです」、**I have a headache [toothache].**「頭 (歯) が痛いんです」、**I have a sore throat.**「喉が痛いです」、**I can't stop coughing.**「咳が止まりません」、**I have the runs.**「下痢なんです」などを覚えておくとよいでしょう。

第3章 ネガティブな気持ちを表すフレーズ

A: 君、今日顔色悪いけど、大丈夫?
B: 大したことないよ。ちょっと**お腹の調子が悪い**だけだから。

3-23 「青い月が出るときに一度」??

once in a blue moon

A: My son only gives me a call <u>once in a blue moon</u>.

B: It's the same with my daughter.

ネイティブはこう使う

めったに〜ない、ごく稀にしか〜ない

　日本人は一般に夜空に浮かんだ月を黄色や黄金色と形容しますが、季節や時間によって赤みがかったり、青みがかって見えることもあります。しかし、英米人には月が銀色や白色に見えても、青く見えることはめったにないようです。

　このように、気象の加減で月が「ごくまれにしか」青く見えないことから、**once in a blue moon**が「めったに〜ない」「ごくまれにしか〜ない」という意味で使われるようになったとされています。

　また、**blue moon**が同じ月に現れる2度目の満月（**full moon**）のことを指し、この現象がまれなことから、この表現が生まれたとする説もあります。

A: 息子からは**めったに**電話が**ない**のよ。
B: うちの娘もそうよ。

3-24 「目が胃よりも大きい」??

one's eyes are bigger than one's stomach

A: My eyes were bigger than my stomach.
B: Me too.

ネイティブはこう使う

欲張ったほどには食べられない

ランチバイキングに出かけ、食べ切れないほどの量の食べ物を取り、食べすぎて反省したことはありませんか？「食べ切れないほど欲張る」ことを、英語では **one's eyes are bigger than one's stomach** と言います。お腹より大きな目ですから、例えば、ビュッフェやバイキングで「最初に目で見て食べられると思ったほど実際には食べられない」ということを表しています。**stomach** の代わりに **belly** も使われます。「取りすぎちゃったわ」は **My eyes are too big.** です。

Your eyes are bigger than your stomach. は「欲張って（取っても）も食べ切れないよ」と、食べ物をたくさん取る子どもをたしなめるときに使われます。「君は欲張りだな」という意味にもなります。

A: 欲張ったけれど食べられなかった。
B: 私もよ。

3-25 「人の足を引っ張る」??

pull one's leg

A: I went out with Susan last night.
B: Come on! You're <u>pulling my leg</u>, aren't you?
A: No. It's true.

ネイティブはこう使う

軽くからかう

pull は「引く」で、**leg** は「足」ですので、「足を引っ張る」という意味にとられそうですが、まったく異なります。面白半分にちょっとした嘘をついたり、悪意のない嘘をついたり、相手を驚かせたり冗談を言ったりして、相手を軽くからかうことです。したがって、「軽くからかう」「笑いものにする」「冷やかす」という意味です。

また、「人をからかって楽しむ人」のことは **a leg-puller** と表現します。**My uncle has been a great leg-puller.**「叔父は人をからかう名人だったよ」などと使われます。

A: 夕べはスーザンとデートしたよ。
B: よせよ！ **からかってる**んだろ？
A: いいや。本当だよ。

3-26 「トンネルの先に光が見える」??

see the light at the end of the tunnel

A: My husband has been sick for two years, but the doctor says he now sees the light at the end of the tunnel.

B: I'm glad to know that.

ネイティブはこう使う

見通しがつく

　不景気、大病、長期の重労働、苦しい経験など、よくない状況が長く続いた後に、事態がようやく好転する兆しや、困難な仕事が完成に近づく様子を表す表現です。苦しく長い試練、長い病気・不景気を「長く暗いトンネル」に喩え、その終わりに近づくと「トンネルの先に明かりが見える」と言います。

　この日本語に相当するのが、**see the light at the end of the tunnel**です。比喩で、「見通しがつく」「目途がつく」「よくなる兆しが見える」「苦難の先に光明が見える」という意味です。日本語と英語で内容や用法が同じであるのは面白いですね。このフレーズには、「ようやく」「やっと」というニュアンスが含まれています。

A: 夫は2年間、病気を患っていたけど、医者によると、ようやく**回復の兆しが見えてきた**ようなの。
B: よかったわね。

3-27 「正しく綴る」??

spell out

A: I don't understand what you're saying, Bob?
B: You mean, you want me to <u>spell</u> it <u>out</u> for you?

ネイティブはこう使う

何でもくわしく説明する

spell outはもともと「正しく綴る」「綴りを口に出して一字一字言う」という意味です。例えば、**You should spell out your full name here, not your initials.**「ここにはイニシャルでなく、フルネームで綴ったほうがいいよ」などと使われます。

この**spell out**というフレーズは、口語では一般に、「何でもくわしく説明する」「正確に細かいところまで説明する」「1から10まで言って聞かせる」という意味でも使われます。一字一字言うことは、細かいところまで説明することにつながりますね。

A: ボブ、君の言っていることがわからないよ。
B: つまり、**はっきりわかるように説明してほしい**ってこと？

3-28 「悪いリンゴ」？？

the bad apple

A: Robert is the bad apple of our company.
B: Why?
A: He always gets his office mates into trouble.

ネイティブはこう使う

他に悪い影響を及ぼす人・物

　病気の「癌」は **cancer** ですが、「彼はうちの会社の癌だ」などの比喩には、**bad apple** が使われます。リンゴが腐りやすい果物であることから、**bad apple** は「他に悪い影響を及ぼす人・物」を意味するようになりました。

　"**One bad apple spoils the barrel.**"『一個の腐ったリンゴが樽の中のすべてのリンゴを腐らせる。』という諺から生まれたフレーズです。比喩では常に「人」を指します。**bad** の代わりに **rotten**（腐った）が使われることもあります。

A: ロバートはうちの会社の癌でね。
B: どうして？
A: 彼はいつも同僚をトラブルに巻き込むんだよ。

3-29 「タオルを投げ込む」??

throw in the towel

A: *Todai* (the University of Tokyo) is too difficult to get into. Why don't you give it up?

B: No, never. I'll never throw in the towel. I'll study harder this year.

ネイティブはこう使う

あきらめる

日本語では、物事をあきらめるときに「匙を投げる」と言います。これは、医者が患者に対して行った治療に効果がないため、薬の調合に用いた匙を投げ出したことに由来します。これに相当する英語は **throw in the towel** です。投げるのは、「匙」ではなく「タオル」です。

では、なぜ **towel** なのでしょうか? 実は、ボクシングの試合で、試合を「あきらめる」合図として、セコンドがリングにタオルを投げ入れたことに由来します。ここから発展して、**throw in the towel** は、今日では一般に「あきらめる」「降参する」「敗北を認める」の意味で使われます。

A: 東大は君には難しすぎるよ。あきらめたらどうなんだ?
B: いいや。絶対に**あきらめ**ないよ。今年はもっと勉強するよ。

3-30 「ベルトをきつく締める」??

tighten one's belt

A: My husband was laid off, so we have to **tighten our belts**.
B: That's too bad.

ネイティブはこう使う

経費を節約する

　この表現はもともと、「空腹を紛らわせるためにベルトをきつく締める」という意味でした。ここから、比喩として「(あまり食べずに) 生活・食費を切り詰める」「支出を抑える」「経費を節約する」という意味で使われるようになりました。「(空腹を余儀なくさせられるような) 苦しい生活に耐える」という発想です。さらに、多少冗談めいた響きで、「空腹を我慢する」の意味でも使われます。

　また、**belt-tightening**(経費削減)の形で、**If things don't get any better, our company will have to do some drastic belt-tightening.**「これ以上状況がよくならなければ、うちの会社は抜本的な経費削減をしなければならないだろう」などと使われます。

A: 夫がリストラされたので、**生活を切り詰め**なければならないの。
B: お気の毒に。

3-31 「何を期待しますか？」？？

What do you expect?

A: I left word on Jane's answering machine, but she didn't call me back.

B: What do you expect?

ネイティブはこう使う

期待しても無理だよ。

What do you expect? の直訳は「何を期待しているの？」です。しかし、英語の会話表現には、自分の考えていることとは反対のことを疑問文にして発信する修辞疑問文、つまり反語がよく使われます。

これもその1つで、「何を期待しているの？」という意味から、「何も期待できないよ」を意味します。口語では、「期待しても無理だよ」「(そうなっても)不思議ではない・当然だよ」「(よくないことに対して)予想していたけど」という意味で使われます。以前にも同じようなことが起こったので、相手の発言には驚いていないことを示すときにも使われます。このフレーズでは、**do** の代わりに、**can** もよく使われます。

A: ジェーンの留守電にメッセージ入れておいたけれど、かけ直してこないよ。
B: **期待しても無理だよ。**

3-32 「誰が知ってるの？」？？

Who knows?

A: Do you know who will be Prime Minister next time?
B: <u>Who knows?</u>

ネイティブはこう使う

誰が知ろうか、いいや、誰も知らない。

Who knows? の直訳は「誰が知ってるの？」「誰にわかるの？」ですが、一般には「誰が知ろうか、いいや、誰も知らない」「誰も気づいていない」「何とも言えない」「さあね」と反語的に使われます。

同じ意味では、**Who can say?**「誰にもわかるわけないよ」や **God (only) knows.**「神のみぞ知る」もよく使われます。後者の **only** は強調です。**God knows** の後に **wh-** 節が伴うと、「神のみぞ知る」→「誰も知らない」という意味になります。例えば、**God knows what may happen.** は、「何が起こるかは誰にもわからないよ」という意味です。ただし、**wh-** 節ではなく **that** 節を伴うと、**God knows that I am innocent.**「断じて私は無罪です」で、「確かに〜である」となって、意味が異なります。

ちなみに、**Everybody knows.** は「知らない者はいない」「もうみんなにバレている」という意味です。

A: 今度、誰が首相になるかわかりますか？
B: さあね。

第4章
ビジネスの場面で使える
フレーズ

(会議の席や交渉のとき)

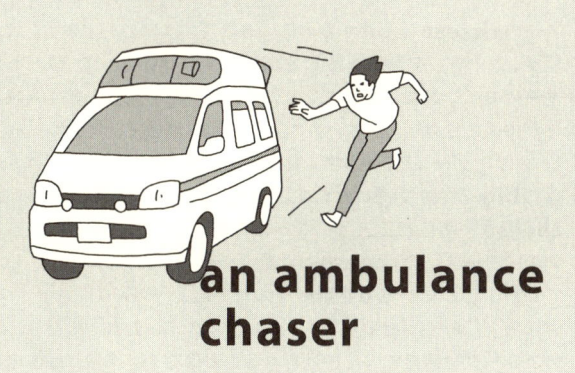

an ambulance chaser

4-1 「大きなチーズ」？？

a big cheese

A: Who is the big cheese of this big supermarket?

B: It's the young woman over there.

ネイティブはこう使う

有力者、重要人物

この **cheese** は我々が食べる「チーズ」のことではありません。語源は、「物」を意味するヒンディー語の **chiz** です。昔、植民地時代のインドにいたイギリス人が、この語を英語に取り入れたのが由来とされています。かつてこの語は単独で、「大物」「有力者」「リーダー」「重要人物」を表していましたが、今日では、一般に **big** をつけて使われます。発音が似ているため、英語では **cheese** と綴られるようになったのです。というわけで、食べ物の「チーズ」の **cheese** とは語源が異なります。

今日、この語に定冠詞 **the** をつけると、「最高の有力者」「総責任者」「顔役」「社長」「ボス」などを意味します。ただし、このフレーズは直接本人に向けられることはなく、通常は地位の高い人や、自分で自分を偉いと思っている人のことを冗談っぽく、あるいは皮肉っぽく言うときに用いられます。噂話でも使われます。

A: この大きなスーパーの**総責任者**は誰だ？
B: あちらの若い女性です。

4-2 「魚の話」??

a fish story

A: I met with the Governor of Tokyo last night.
B: Come on. Stop telling me your fish stories.

ネイティブはこう使う

ほら話、大風呂敷

魚の「生ぐさいにおい」は **fishy smell** と言います。ここから、**fishy** は「(話などが) ありそうもない」「胡散くさい」を意味し、**a fishy story** は「まゆつばの話」「胡散くさい話」「怪しい話」を意味するようになりました。

a fish story は表記はとても似ていますが、釣り人が逃した魚の大きさを誇張することから生まれたフレーズで、「ほら話」「誇張した話」「大風呂敷」という意味です。

fish に関連した表現では、魚は水中で、水を飲んでいるかのように見えることから (魚は実際には水を飲みませんが)、**drink like a fish** というフレーズもあります。「大酒飲みである」「がぶ飲みする」という意味の比喩表現です。

A: 昨夜、東京都知事に会ったよ。
B: おいおい、お前、**ほら話**はやめろよ。

4-3 「…と小鳥が言った。」??

A little bird told me that … .

A: How did you know I wanted to study in the U.S.?

B: Oh, <u>a little bird told me</u>.

ネイティブはこう使う

…と小耳にはさんだ、噂に聞いた。

「小鳥が…と言った」なんて、ちょっと粋な表現ですね。実はこのフレーズ、「…と風の便りに聞いた」「…と小耳にはさんだ」「…と噂に聞いた」を意味します。

このフレーズの由来には3つの説があります。1つ目は、『旧約聖書』「伝道の書 (*Ecclesiastes*)」(10:20) の "**A bird might carry the message and tell them what you said.**"『空の鳥がその声を伝え、翼あるものがその言葉を告げる』からとする説です。2つ目は、鳥は飛ぶのが速く、かつ飛ぶときに音を立てないからとする説です。最後は、英語圏に古くからある、鳥は言葉を理解して人間に情報を伝えてくれるという迷信があるからとする説です。

いずれにしても、秘密や情報の出所を明らかにしたくないときや情報の出所がよくわからないときに使われます。

A: 私がアメリカへ留学したいって、どうしてわかったの?
B: うん、**ちょっと小耳にはさんだ**んだよ。

4-4 「高い命令」??

a tall order

A: Tom, I want you to finish this work by five o'clock.
B: That's a tall order, boss. I guess I'll finish it by tomorrow noon.

ネイティブはこう使う

無理な注文・要求

order には「命令」という意味がありますが、ここでは「注文」という意味でとらえてください。また、**tall** には、「(背が) 高い」の他、「(値段が) 法外な」「規模の大きい」「相当な」「べらぼうな」という意味もあります。例えば、**a tall story** は「大きすぎて信じるのが難しい話」、つまり「大げさな話」という意味です。

したがって、**a tall order** は、「無理な注文」「難しい注文・要求」を意味します。このフレーズは、町工場へ特殊な部品を大量に「注文」するようなときのみならず、友人・知人や親子間の難しい頼みごと、上司の無理な命令など幅広く使われます。

なお、**a mighty [very] tall order** は強調した言い方で、**rather a tall order** は「ちょっと」と意味を弱めた言い方です。

A: トム、5時までにこの仕事を仕上げてほしいんだが。
B: 部長、それは**無理な注文**ですよ。明日の昼までなら、できると思いますが。

4-5 「賢い人々へのひと言」??

a word to the wise

A: I'm sorry I'm late again.
B: A word to the wise, Tony. Your boss is never late to work.

ネイティブはこう使う

賢い人にはひと言で十分

a word は「1つの単語」ではなく、「ちょっとした警告」くらいの意味で、**the wise** は「**the**＋形容詞」の形で「〜の（性質を持つ）人々」、つまり「賢い人々」「賢者たち」のことです。したがって、**a word to the wise** は直訳では「賢者への忠告」を意味します。このフレーズは、このまま諺になっていて、**"A word to the wise (is sufficient [enough])."**『賢者にはひと言で足りる』『一を聞いて十を知る』の意味で使われます。

では、**wise** は、ほぼ同じ意味の **clever** とはどう異なるのでしょうか？ **clever** は「りこうな」を表す一般的な語ですが、この語にはしばしば、「ずるい」「抜け目のない」というニュアンスがあります。一方、**wise** は「賢明な」「正しい判断ができる」という意味です。

A: また遅刻して、申し訳ありません。
B: **賢い人にはひと言で十分**だろ、トニー。ボスは決して遅刻しないぞ。

4-6 「救急車を追いかける人」？？

an ambulance chaser

A: Who is always hanging around the hospital?
B: He is a friend of mine, and a lawyer.
A: Is he? So, he is kind of <u>an ambulance chaser</u>, isn't he?

ネイティブはこう使う

あくどい弁護士

訴訟の国アメリカでは、救急車（**ambulance**）が交通事故でケガをした人を運ぶ際に、交通事故を商売の種にしようと救急車の後を追いかける弁護士がいます。**a chaser** とは「追跡者」「追っ手」のことです。

交通事故の被害者に、「早く訴えろ、俺が弁護して高額の損害賠償を取ってやるから」と催促するのです。こういう弁護士は、救急車の後を追いかけるので、揶揄して **an ambulance chaser** と呼ばれます。「（交通事故の被害者を商売の種にする）あくどい弁護士」のことですが、物理的に救急車の後を追いかける弁護士ではなく、軽蔑して「悪徳弁護士」を指します。

A: いつも病院の周りをうろついているのは誰だろう？
B: 彼は僕の友だちで、弁護士なんだよ。
A: そう？　じゃあ、**悪徳弁護士**なんだね。

4-7 「(アップル)パイのように簡単な」??

as easy as (apple) pie

A: Do you know how to use a new smart phone?
B: Yes, I do. It is <u>as easy as (apple) pie</u>.

ネイティブはこう使う

すごく簡単な

アメリカ人にもっとも人気のあるデザートは **apple pie** です。この **apple pie** を使った表現に、**as easy as (apple) pie**「(アップル)パイを作るのと同じくらい簡単な」という表現があります。アメリカでは、「(アップル)パイ」は作るのがとても簡単なものの代表とされていることから生まれた表現です。日本語の「すごく簡単な」「いとも易しい」「朝飯前」「お茶の子さいさい」に相当します。最近では、**apple** が省略された形もよく使われます。

apple pie を使った他の表現には、**as American as apple pie**（アップルパイのようにアメリカ的な）があります。「極めてアメリカ的な」「アメリカ独特の」という意味です。**This kind of movie is as American as apple pie.**「この種の映画は極めてアメリカ的だね」などと使われます。

A: 新しいスマートフォンの使い方、知ってる?
B: ええ、知ってるわ。**とっても簡単よ。**

4-8 「その日の終わりに」？？

at the end of the day

A: How was yesterday's meeting?
B: It took a long time, but at the end of the day, they finally settled on Sally's original proposal.

ネイティブはこう使う

最終的には

直訳の「その日の終わり」とは、1日の終わりのことですから、「まとめ」を意味します。このことから、この **at the end of the day** というフレーズは、「結局のところ」「最終的には」「要するに」という意味で使われるようになりました。物事の決着を早くつけたがる欧米人がよく使います。業務での決着に至るスピードは、日本人よりも欧米人のほうが速いようです。

at the end of ~ を使った例には、**(at) the end of the rainbow**「夢の果て（に）」「（手の届かぬ）夢の国（に）」「手の届かぬ夢」とか、**at the end of one's rope**「我慢の限界にきて」などがあります。

第4章 ビジネスの場面で使えるフレーズ

A: 昨日の会議はどうだった？
B: 時間がかかったけれど、最終的には、サリーの案に落ち着いたよ。

4-9 「〜と一緒にいる」？？

be with someone

A: Whichever you decide to choose, I'm with you.

B: Thank you. That's why I like you.

ネイティブはこう使う

〜の相手をする、〜の一員である、〜を支える

be with someone というフレーズは会話ではよく、「〜の相手をする」「〜のところに行く」の意味で使われます。例えば、お店で買い物をしていて、接客中の店員に電話がかかってきたとします。その店員は、「〜の相手をする」の意味で、客に **Excuse me. I'll be right with you.**「失礼します。すぐに戻ります」などと言ってその場を離れます。

また、「〜の一員である」「〜に勤めている」という意味で、**I'm with the ABC Hotel.**「今、ABCホテルで働いています」などと使われます。

さらに、このフレーズには、「〜を支える」「〜の味方である」「〜に賛成である」という意味もあります。

A: 君がどちらに決めようと、僕は**君の味方**だよ。
B: ありがとう。だから、あなたが好きなの。

4-10 「茂みの周りをたたく」？？

beat around the bush

A: Do you understand what Steve says?
B: No, because he always beats around the bush.

ネイティブはこう使う

遠回しに言う、要点に触れない

このフレーズは、狩猟で獲物の所在を突き止める際に、薮の中を真っすぐに進まず、獲物が隠れていそうな茂みの周りをたたいて、その獲物を追い出すことに喩えた表現です。「用心して遠回しに言う」「要点に触れない」という意味です。《英》では、**around**の代わりに**about**が使われることもあります。

ただし、このフレーズには、直接的に「何かを探る」というニュアンスはなく、あくまでも「（要点をずばりと言うのは都合が悪い、あるいはその勇気がないので）遠回しに言う」というニュアンスの強い表現です。

A: スティーブが言っていることがわかる？
B: いいえ、だって彼、いつも**遠回しに言う**からね。

第4章 ビジネスの場面で使えるフレーズ

4-11 「舌を噛む」？？

bite one's tongue

A: Mary finally confessed her real intentions to her boss. So, her boss went spare.

B: She should have known how to <u>bite her tongue</u>.

ネイティブはこう使う

唇を噛んでこらえる、じっと耐える

　言いたいことや話したいことがあるのに、口に出して言ってしまうとまずいことになったり、問題になったりするので、唇を噛んでこらえることがあります。また、本音が出そうになって、ぐっとこらえるときもあります。こんな状態のときを英語では、**bite one's tongue**（舌を噛む）と表現します。「唇を噛んでこらえる」「じっと耐える」という意味です。

　この **bite one's tongue** は、何か言いたいことが喉まで出かかっていても思い出せないことを表す、**at [on] the tip of one's tongue** の反対の意味を表す表現です。

A: メアリーがとうとう課長に本音を吐いたのよ。そしたら、課長がカンカンになって怒ったわ。
B: 彼女、**じっと耐える**ことを知るべきだったんだよね。

4-12 「ベーコンを家に持ち帰る」??

bring home the bacon

A: Do you know who brings home the bacon in Tom's family?
B: Not exactly, but they say Tom and his family run a small company.

ネイティブはこう使う

成果を得る、生活費を稼ぐ

bring home the bacon は、昔、スポーツの試合などで入賞すると、賞品として豚肉（後にベーコン）が与えられ、そのベーコンを家へ持ち帰ったことから生まれた表現です。ここから、「賞品としてのベーコンを持ち帰る」、つまり「食べ物・食料を持ち帰る」を意味するようになりました。発展して、頼みごとや仕事などで何らかの成果を得た場合にも、「成果を得る」「成功する」の意味で使われます。今日では、一般に、比喩として「生計を立てる」「生活の糧・生活費を稼ぐ」を意味します。

A: トムの家では、誰が**生活費を稼いでいる**か知っている？
B: 正確には知らないけど、小さな会社を経営しているそうだよ。

4-13　「袋に入ったブタを買う」？？

buy a pig in a poke

A: May I test this digital camera? I don't want to <u>buy a pig in a poke</u>.

B: Sure. Go ahead.

ネイティブはこう使う

中身を確認せずに買う、安請け合いをする

　3-20でも説明しましたが、昔、市場では、コブタを売る際に、取り扱いが簡単なように、コブタを小さい布袋に入れて運びました。ところがコブタの代わりにネコを入れて売る悪質な農民がいて、袋を開けると中のコブタが逃げ出すので中身は見せられないと嘘をつきました。ここから、**a pig in a poke**は「怪しげなもの」「いい加減な推量」を意味し、**buy a pig in a poke**は、「中身を確認せずに買う」「衝動買いをする」「安請け合いをする」を意味するようになりました。

　ちなみに、**pocket**（ポケット）という語は、**poke**（袋）に「小さい」を意味する指小辞**-et**がついたものとほとんど同じです。また、**poke**は**pork**とスペルも発音も似ていますので、注意してください。

A: このデジカメで試し撮りしてみていいですか？　**中身を確認せずに買いたく**ありませんので。
B: もちろん、いいですよ。どうぞ。

4-14 「1本のひもを落として。」??

Drop me a line.

A: Let me know when you get to Miami.
B: Sure. I'll <u>drop you a line</u> when I get there.

ネイティブはこう使う

私に連絡をください。

　直訳の「1本のひもを落として」では、何を意味しているかわかりません。**line**には「ひも」の他に、「ロープ」という単純な意味から「釣り糸」「電話線」「線路」「方法」「職業」「趣味」「考え」「短信」など多様な意味があります。

　Drop me a line. の**line**は「ひも」ではなく、「通信」「短信」という意味です。したがって、**drop someone a line**は「人にひもを落とす」ではなく、「連絡する」「便りを出す」「手紙を書く」という意味です。**drop a line to someone**でも同じ意味で使われます。《英》では**line**の代わりに**letter**や**note**なども使われます。

A: マイアミに着いたら、連絡してください。
B: もちろん。向こうへ着いたら、**便りをします**。

第4章 ビジネスの場面で使えるフレーズ

4-15 「正確な運賃をお願いします。」？？

Exact fare, please.

A: Do you have the <u>exact fare</u>?
B: How much is it to Springfield?

ネイティブはこう使う

お釣りが要らないように。

　初めてサンフランシスコのケーブルカーに乗ったとき、車掌（**conductor**）が、**Exact fare, please.** と叫びながら、車内を回ってきました。最初は、何のことかわかりませんでしたが、直訳どおり「正確な運賃を！」、つまり「お釣りは出しません」の意味だと合点がいきました。

　その後、アメリカ国内でバスに乗ると、運転席の近くにこの表示があることに気づきました。中には、**Driver Does Not Carry Change.**「運転手は釣り銭を持っていません」という表示を出しているバスもあります。

　また、強盗に取られないように、料金を入れる箱も頑丈な金属製で、簡単には取り外しできないように、しっかり固定されています。もちろん、お釣りをもらえませんから、小銭を持ち合わせていないときは損をすることになります。

A: 釣り銭が要らないように、バス賃を持っている？
B: スプリングフィールドまでいくらなの？

4-16 「音楽に直面する」??

face the music

A: If you keep goofing around, you'll have to face the music.
B: I know, I know.

ネイティブはこう使う

堂々と非難を受ける

　このフレーズの起源の1つは、有罪になった兵士が隊から追放されるたびに太鼓を鳴らされ、その音に直面するという説です。もう1つは、舞台の役者が下手な演技をすると、聴衆のみならず、オーケストラの演奏者から楽器による音の非難を浴びたことが起源という説です。さらに、このフレーズには、自分の行為がうまくいかなかったときに「潔く責任をとる」という意味もあります。
　したがって、この **face the music** は、「堂々と非難を受ける」「ひるまずに難局に当たる」「甘んじて報いを受ける」という意味になります。いずれにしても、この **music** は自分の失敗や非行などの「結果」を意味します。

A: 遊んでばかりいると、**報いを受ける**ことになるぞ。
B: よーくわかってるよ。

4-17 「他人の靴をいっぱいにする」??

fill one's shoes

A: Who is going to step into Professor Floyd's shoes?

B: It seems there is no one to fill his shoes.

ネイティブはこう使う

～の役目を引き継ぐ

直訳の「人の靴をいっぱいにする」ではわかりにくいですが、この **one's shoes** を比喩で「前任者の地位・責任」と解釈するとわかります。つまり、「～の後釜に座る」「～の役目を引き継ぐ」という意味です。このフレーズは、古いスカンジナビア諸国の「養子になった者が養父の靴を履く」という習慣に由来しているそうです。

同様の意味のフレーズに **step into one's shoes** があります。**step into** は単に「(靴に) 足を入れる」、つまり「後釜に座る」ですが、**fill** は「(靴を) 満たす」「隙間なく満たす」「十分に満たす」という意味です。したがって、ここでの **fill** は、前任者の地位・能力のみならず、人格、人徳も同等かそれ以上に高い人を指しますので、単に「後釜に座る」を意味する **step into** とは異なります。

A: フロイド教授の後釜には誰が座るのだろう?
B: 後継者として十分に責任を果たせる人がいないらしいよ。

4-18 「黒と白で」？？

in black and white

A: I think that his offer is too good to be true.
B: Well, you shouldn't believe it until he puts it <u>in black and white</u>.

ネイティブはこう使う

文字・文書にして

「黒と白で」ですから、言い換えると「モノクロで」ですね。**black**には「(黒)インク」「筆記具」、**white**には「紙」という意味もあります。ここから、**in black and white**は「(記録として残すために)文字にして」という意味が生まれました。一般には「(言葉だけでなく)文書にして」という意味で使われます。また、ハイフンで結んで**black-and-white**とすると、「文書で」「印刷物にされた」という意味になります。

ちなみに、英語では**black and white**の順ですが、日本語では「白黒」となります。他に、英・日で順序が逆になるものには、**cats and dogs**「イヌネコ」、**arrival and departure**「発着」、**mother and father**「父母」などがあります。

A: 彼の申し出は話がうますぎると思うんだよ。
B: じゃあ、きちんと**文書にする**までは信じないほうがいいね。

4-19 「ロープを知る」??

know the ropes

A: I'm afraid I know nothing about this field.
B: Don't worry about it. It isn't hard once you know the ropes.

ネイティブはこう使う

物事のコツを知っている

「ロープを知る」では何のことかわかりませんね。実は、この **the ropes** は「(帆船の帆の) ロープさばき」のことです。昔、帆船をうまく走らせるかどうかはロープのさばき方にかかっていました。そのため、帆船を走らせるには、「ロープさばきのことがわかっている」航海のベテランがあたりました。

そこから、**know the ropes** は比喩で「全体の仕組みがわかっている」「(全体のシステムに精通して) コツを知っている」「(要領を) のみ込んでいる・覚えている」「事情に明るい」を意味するようになったのです。このフレーズは、会社とか組織についてよく用いられます。同じ意味で、**learn the ropes** も使われます。反対に、「コツ・要領を教える」は **teach someone the ropes** や **show someone the ropes** と言います。

A: この業界のことは何もわからないんです。
B: 心配ご無用。一度**コツがわかれ**ば難しくないですから。

4-20 「両端を合わせる」??

make (both) ends meet

A: The price of commodities went through the roof recently.
B: We won't be able to <u>make ends meet</u> if prices go any higher.

ネイティブはこう使う

収入の範囲内で暮らす、分相応に暮らす

この **ends**（両端）は、「月（**month**）の初めと月の終わり」のことです。比喩的に、「（月の初めの）収入と（月の終わりの）支出」を意味する19世紀の簿記用語とされています。したがって、「収入と支出を合わせる」、つまり「収支を合わせる」という意味から生まれたものです。

実は、このフレーズ、**make (both) ends of the year meet** の **of the year** が省略されたもので、「（農民が）収穫期から次の収穫期まで収穫物をもたせる」という意味から生まれたとする説もあります。

いずれにしても、「生活の収支を合わせる」ことで、「借金せずに収入の範囲内で暮らす」「（家計の）帳尻を合わせる」「分相応に暮らす」を意味します。《米》では一般に、**both** を省いた **make ends meet** の形で用いられます。

A: 最近、物価がとんでもなく高くなってきましたね。
B: これ以上、物価が上がったら**やっていけ**ませんよ。

4-21 「赤いテープ」？？

red tape

A: Do you still sell to the city government offices?

B: No, I quit, because it takes so long to cut through the red tape.

ネイティブはこう使う

お役所仕事、面倒な手続き

どこの国でもお役所仕事には時間がかかるようです。18～19世紀のイギリスでは、役人が公文書を保管するために、書類を丸めて**red tape**（赤いひも）で留めるのが習わしでした。**red tape**といっても、今日の赤いビニールテープではなく、単なる「赤いひも」です。書類の出し入れには、この赤いひもを結んだり解いたりするのに時間がかかりました。このことから、この**red tape**は、皮肉って「（形式にこだわる）お役所仕事」「（お役所などの）面倒な手続き」という意味で使われるようになりました。

イディオムの**cut through the red tape**は、「（お役所などの）面倒な手続きを済ませる・切り抜ける」を意味します。今日では、お役所仕事に限らず、組織が大きくなって、非効率的で融通のきかない手順のことを揶揄して使われます。

A: まだ市役所に商品を入れてるの？
B: いいや、やめたよ。だって、**面倒な手続き**にすごく時間がかかるからね。

4-22 「whenと言いなさい。」？？

Say when.

A: <u>Say when.</u>
B: When! When! That's too much!

ネイティブはこう使う

(飲食物をよそいながら)よかったら、いいって言ってね。(オシッコが)終わったら、終わったって言いなさい。

　幼児語で、オシッコのことを何と言うかご存じですか？ **pee-pee** または **sissy** です。ウンチは **poo-poo** または **ca-ca** です。見出しの **Say when.** は、親が小さな子どもを抱きかかえながら両脚を持ち上げてオシッコをさせ、「終わったら、終わったって言いなさい」という意味です。子どもは、オシッコが終わると、**When.** と言います。

　この **Say when.** というフレーズ、英米のパーティーや食事会で、人に飲み物を注いだり、食べ物をよそったりするときにも使われます。ビールやジュースを注ぎながら、**Say when.**「よかったら、いいって言ってくださいね」と言います。これに対して、**That's enough.**「それで十分です」や、少しおどけて **When.** と応じることもあります。

A: よかったら、いいって言って。
B: もう結構、結構です！　多すぎますよ！

4-23 「ホットケーキのように売る」??

sell like hot cakes

A: Which book is popular now?
B: This new book is <u>selling like hot cakes</u>.

ネイティブはこう使う

飛ぶように売れる

sell like hot cakes は、19世紀初頭のアメリカ合衆国で、ハンバーガーやホットドッグ、フライドチキンが商品として開発される前のことで、田舎の祭りやカーニバルの屋台では、焼きたての **hot cake**(ホットケーキ)が美味しく、かつ安いために、よく売れたことに由来します。「飛ぶように売れる」「どんどん出る」を意味します。

類似のフレーズには、**go like hot cakes** があり、「すぐになくなる」「底をつく」の意味で使われます。例えば、**My mother's *gyoza* went like hot cakes.**「母の作った餃子は瞬く間になくなったわ」などと商品でない場合にも使われます。

また、**like hot cakes** は「勢いよく」「盛んに」という意味で、これだけでも使われます。この **hot cake** の代わりに、地方によっては、**pancake** が使われます。

A: 今評判がいいのは、どの本ですか?
B: この新刊が**飛ぶように売れて**ますよ。

4-24 「垣根の上に座る」??

sit on the fence

A: Are you for or against nuclear power plants?
B: Well, I still <u>sit on the fence</u>.

ネイティブはこう使う

どっちつかずの態度をとる、中立でいる

　sit on the fence「垣根の上に座る」では、かなり不安定ですね。どちらかに落ちるかもしれません。このことから、このフレーズは「どっちつかずの態度をとる」「中立でいる」を意味します。文脈によっては、「(軽蔑して)日和見する」「形勢を見る」の意味にもなります。ただし、**sit on the fence**自体にこのニュアンスはなく、あくまでも「態度・賛否を明らかにしない」「中立的な状態を保つ」ことを意味します。

　また、**fence**を使った表現には**come off the fence**「態度をはっきりさせる」もあります。**fence**のどちらに降りるかで、態度・立場がはっきりするから、こういう意味になるのですね。

A: きみ、原発に賛成、それとも反対?
B: うーん、僕はまだ**決め切れないな**。

4-25 「豆をこぼす」？？

spill the beans

A: This is just between us. Don't <u>spill the beans</u> to anyone.

B: Don't worry. I know how to hold my tongue.

ネイティブはこう使う

秘密を漏らす

このフレーズの由来には、2つの説があります。1つは、かつてギリシャで行われていた秘密投票で、賛成は白い豆、反対は黒い豆を壺（つまり投票箱）に入れることになっていましたが、あるとき、豆がこぼれて秘密がバレてしまったとする説です。

もう1つは、食事の時間まで何を出すかを秘密にしようとした人が、ついうっかり豆をこぼしてしまい、豆料理であることがバレてしまったとする説です。

spill にはもともと「うっかり」というニュアンスがあります。したがって、**spill the beans** は「うっかり秘密を漏らす」を意味します。また、この表現は、「秘密とは知らずに漏らす」「故意に秘密を漏らす」という意味でも用いられるので、どちらの意味かは、前後の関係から判断する必要があります。

A: これは秘密だから、誰かに**漏らす**なよ。
B: 心配しないで。私、口が堅いから。

4-26 「1粒の塩とともに持っていく」??

take something with a grain of salt

A: Do you think you can believe what Nancy says?
B: No. So, I always take whatever she says with a grain of salt.

ネイティブはこう使う

割り引いて聞く、話半分に聞く

古代ローマのある伝説では、いかなる毒にも効く解毒剤を発明した王の話があります。この解毒剤には少量の塩を加える必要がありました。つまり、塩を加えると毒に当たらないように、人の話も少し疑ってかかれば騙されることがないという発想です。このことは、ローマ帝国時代に使われていた古代ラテン語ではcum grano salisと表現され、これを英語に直訳したのが **with a grain of salt** です。

ただし、この表現は、味の薄い食べ物は美味しくないので、少量の塩を加えると美味しくなることから生まれたとする説もあります。

人の話や食べ物を疑ってかかることから、「割り引いて」「話半分に」を意味します。したがって、**take something with a grain of salt** は「割り引いて聞く」「話半分に聞く」「多少疑って聞く」「額面どおりには受け取らない」という意味になります。

A: ナンシーの言うこと、信用できると思う?
B: いいえ。だから、彼女の話はいつも**割り引いて聞く**の。

4-27 「赤い絨毯」？？

the red carpet

A: Mr. Katayama, how was your business trip to Athens?

B: They gave me the red carpet treatment there.

ネイティブはこう使う

盛大な歓迎

テレビや映画で、外国からの王族や政府高官などを迎える際に、通路やホールに赤い絨毯（**red carpet**）を敷いて歓迎するシーンをご覧になった方は少なくないと思います。**red carpet**は、直訳では「赤い絨毯」ですが、比喩では「（貴賓が出入りするための）赤い絨毯」、つまり「敬意の象徴」です。「丁重な歓待」「盛大な歓迎」「特別なもてなし」を意味します。

red carpetを使った**get the red carpet treatment**は「国賓扱いを受ける」、**roll out the red carpet**は「丁重にもてなす」「丁重なもてなしをする」という意味です。

ただし、これらの表現、実際には赤い絨毯を敷かなくても、心から温かく人を迎えたり、迎えられたりするときにも使われます。

A: 片山社長、アテネへの出張はいかがでしたか？
B: 向こうでは、**盛大なもてなし**を受けたよ。

4-28 「テーブルの下で」？？

under the table

A: They say that Randy demanded some money from that company <u>under the table</u> again.

B: Again? He was taken to court for taking bribes five years ago.

ネイティブはこう使う

不正に、賄賂として

「テーブルの下で」ですから、あまりよい意味で使われないことは、何となく想像できますね。これは、昔、ポーカーなどのカードゲームで、手札をテーブルの下に隠しておいた札とすり替えるという不正をしたことから生まれたフレーズです。「こっそりと」「不正に」「賄賂として」「袖の下として」という意味です。

このフレーズは「酔いつぶれて」という意味で使われることもあります。**drink someone under the table**（テーブルの下で人を酔いつぶして自分は飲んでいる）というフレーズがもとになっています。

ハイフンで結んだ形容詞の **under-the-table**「闇取引の」「違法な」もよく使われます。

A: ランディがまたあの会社に**賄賂**を要求したらしいよ。
B: また？　あいつ、5年前にも訴えられたんだぞ。

4-29 「我々はどこにいたの？」？？

Where were we?

A: Excuse me, I have to go to the rest room.
(Coming back after a couple of minutes)

A: <u>Where were we?</u>

B: We were talking about your ex-boyfriend's hobbies.

ネイティブはこう使う

どこまで話しましたか？

日常会話や話し合いで、あるいは接客中に電話がかかってきたり、用足しのために話を中断したりすることがあります。用事を終えて席に戻ってきて、その人がどこまで話していたか、何の話をしていたかを確かめるために、**Where were we?** という表現が使われます。

直訳すると、「話のどの地点にいたか」となりますが、日本語では、「どこまで話したかしら？」「話はどこまででしたか？」に相当する表現です。

A: すみません、ちょっとお手洗いに。
(2〜3分後に戻ってきて)
A: **どこまで話したかしら？**
B: あなたの元彼の趣味についてよ。

4-30 「牛肉はどこなの？」？？

Where is the beef?

A: Bill, you talked a lot, but where's the beef?
B: Well, what I want to say is…

ネイティブはこう使う

本心はどこにあるんだ？

　beef には俗語で「不平・不満・文句・苦情を言う」「ぶつぶつ言う」という意味があります。昔、ギャングが「不平を言う」を意味して **cut a beef** という表現を使ったことに由来します。また、アメリカのハンバーガーチェーンの1つ Wendy's が、競合他社の商品の肉が小さいことを皮肉ったテレビコマーシャルで、**Where's the beef?**（肉はどこにあるの？→肉が入ってないじゃないか？）という文言を使い、ここから発展して、**beef** に俗語で「不満」「苦情」という意味が生まれたとされています。

　今日、この **Where's the beef?** は一般に、「（うまいことを言うけれど）本心はどこにあるんだ？」「中身がないじゃないか？」という意味で使われます。「不平・不満」の意味で **beef** を使った他の表現には、**What's the beef?**「何が不満なんだ？」や **beef session**「苦情集会」「抗議集会」があります。

A: ビル、たくさん話したけど、**本心は何なの？**
B: ええと、僕が言いたいのは……。

watch one's weight

第5章
カジュアルな場面で使えるフレーズ
（友だちや家族との気楽な会話で）

5-1 「バスガール」？？

> # a bus girl

A: How did you become the owner of this restaurant?

B: I started as <u>a bus girl</u>, waited on tables, and ….

ネイティブはこう使う

食堂のテーブル片づけ係

市内バスが「ワンマンカー」(**a one-man bus**) になる前は、切符を売りハサミを入れる「バスガール」が乗っていました。しかし、英語の **bus girl**（男性は **bus boy**）は、バスの車掌ではありません。

bus には動詞で「(レストランなどで) 食器を片づける」という意味があります。したがって、**bus girl** (**bus boy**) とは、食堂で「食事を終えた客の食器を洗い場へ運び、新しい客のためにテーブルクロスを取り替えたり、食器をテーブルに並べたりする係」のことです。**waiter** や **waitress**（最近は、性差のない **waitperson** が使われる）の助手的存在です。結構年配の **bus girl** や **bus boy** も少なくありません。最近では、性差のない **busser** と呼ばれるようになりました。**waitperson** と同じく、まさに、言葉は歳月とともに変化する生き物であることの証拠と言えます。

A: このレストランのオーナーには、どのようにしてなられたのですか？
B: **片づけ係**から始めて、ウェイトレス、それから……。

5-2 「汚い年とった男」？？

a dirty old man

A: What do you think of our new boss?
B: He is a dirty old man. He always leers at me.

ネイティブはこう使う

スケベおやじ、いやらしい中年男

a dirty old man とは、どこにでもいそうな「スケベおやじ」「いやらしい中年男」のことです。「おやじ」と言っても、必ずしも中年（以降）とは限りません。多くの場合、おどけて使われます。

ここで、「汚い」という意味の dirty と messy の違いを比べてみましょう。dirty は「（部屋・衣服などが）汚い」「（ごみ・泥などで）表面が汚れている」ことです。また、「（言葉が）卑猥な・いやらしい」「（行為などが）卑劣な・軽蔑すべき」という意味があります。日本人的に謙遜して、「私の部屋は汚い」と言うつもりで、My room is dirty. と言うと、まったく掃除がされていない部屋と勘違いされます。他方、messy は「（ある場所に）物が散らばっている」状態のことです。

A: 今度の部長、どう思う？
B: **年配のいやらしいヤツ**よ。だって、いつも私をいやらしい目つきで見るのよ。

5-3 「イヌの袋」??

a doggy bag

A: Could I have <u>a doggy bag</u>?
B: Sure. Just a moment, please.

ネイティブはこう使う

残り物を持ち帰るために入れる袋や容器

　レストランなどでは、料理の量が多くて食べ切れないことがあります。英語圏の人々は、食べ残したものを持ち帰るときに、ウェイターやウェイトレスに、上のように頼むのが一般的です。すると、内側を油や蝋(ろう)で防水加工した袋や容器を渡してくれます。持ち帰った物をイヌに食べさせることを口実にするので、「残り物を持ち帰るために入れる袋や容器」を **doggy bag** と呼ぶようになりました。

「イヌの袋」だからといって、散歩時の「イヌの糞を入れる袋」と思ったら、大間違いです。実際には、持ち帰って、本人や家族が食べるのです。翌日のランチとして持って行くことも多いようです。

　ただ、最近では、**Could I have a doggy bag?** の代わりに、**May I take this home?**「この（残りの）食べ物を持ち帰っていいですか？」と頼む人も多いです。

A: **(残りを持って帰りますので、) 袋**をもらえますか？
B: 承知しました。少々お待ちください。

5-4 「おかしな骨」??

a funny bone

A: I hit my funny bone on the corner of the table twice this month.

B: I'm sorry to hear that. Did you get injured?

ネイティブはこう使う

肘の先の尺骨の端

　funny bone（おかしな骨）とはどこの骨かわかりますか？
　実は、肘の先の「尺骨の端」（ぶつけると、ピリッとショックを感じる骨）のことです。このとき、電気が走って、しびれるような感じがします。と同時に、何となくくすぐったいような感じもしますね。くすぐったい変な感じがすることから、**funny bone** と呼ばれるようになったとされています。
　funny bone はくすぐったくて笑えることを感じとれる場所であるため、「ユーモアを解する心」「笑いの感覚」という意味もあります。**crazy bone** と言うこともあります。

A: 今月は2度も、テーブルの角に**肘先の骨**をぶつけてね。
B: お気の毒に。ケガは？

5-5 「巣の卵」??

a nest egg

A: Mom, do you have <u>a nest egg</u>?
B: Um. Yeah, some. But don't tell anyone!

ネイティブはこう使う

ヘソクリ

和英辞典の「ヘソクリ」には、**secret savings**（秘密の貯蓄）や **pin money**（いざというときのためにとっておく少額のお金）が載っていますが、日本語の「ヘソクリ」とはややニュアンスが異なる感じです。英語には **nest egg** という「ヘソクリ」にピッタリの表現があります。昔、雌鳥の産卵を促すために、雌鳥の巣に卵（多くの場合、擬卵）を置きました。**nest egg** という表現は、この産卵促進技術に由来するのです。日本語では、「抱き卵」と呼んでいます。ここから、**have a nest egg** が「万一に備えて金を貯める」という意味で使われるようになったのです。

ちなみに、欧米ではよく、ヘソクリの典型的な隠し場所として、シュガーポットやコーヒー缶が使われたため、**sugar bowl savings** とか **coffee can savings** も「ヘソクリ」の意味で使われます。

A: お母さん、**ヘソクリ**を貯めているの？
B: うーん。そう、少しね。でも、誰にも言っちゃダメよ！

5-6 「性悪女の息子」？？

a son of a bitch

A: Something wrong with your PC?
B: Yeah, this <u>son of a bitch</u> freezes often.

ネイティブはこう使う

この野郎、最悪、お前

　映画やテレビドラマでよく耳にする **son of a bitch** という表現は、どういう意味かご存じですか？　苛立ちや怒り、失望、当惑などを表して、「何だと！」「こんちくしょう！」という意味で使われます。この他、けなした意味で、「この野郎！」「最悪！」と使われたり、親しい者同士の呼びかけとして「お前」「おい」と間投詞的にも使われたりします。**You, son of a bitch! You cheated me!**「この野郎！　俺を騙したな！」などという使い方をします。

　この表現は、下品なため、ときには **S.O.B.** とか **s.o.b.** と頭文字で表現されることもあります。**son of a bitch** は、略して **bitch** だけでも使われますが、「雌犬」や「性悪女」「不平」と紛らわしいので、一般には **a real bitch** と言います。

A: パソコンの調子悪いのか？
B: ああ、**こいつ**、よくフリーズするんだよ。

5-7 「大砲の息子」??

a son of a gun

A: How was the French test?
B: It was a real son of a gun to solve.

ネイティブはこう使う

ちくしょう、しまった

　a son of a gun も、**a son of a bitch** と同様、映画などに出てくる表現ですね。この表現はよく、男同士で親愛の情を込めて、あるいはふざけて友だちや人を呼びかけるとき、苛立ちや失望を表して「ちくしょう!」「しまった!」と言うときに使われます。**a son of a bitch** と同じですが、響きが柔らかです。

　では、なぜこの表現が生まれたのでしょうか? 昔、軍艦には男性のみならず、女性の乗船も許されていました。そこで、若い男と女の船内での密会の場所としてよく使われたのが、船の中央に置かれている大砲 (**gun**) 近くの天幕の後ろでした。女性の中には妊娠・出産する者もいたようです。さらに、父親がわからない子を生む者まで出る始末です。船の上で父親のわからない男の子が生まれると、航海日誌には大砲の近くで身ごもった子なので、「大砲の息子」(**a son of a gun**) と記され、それが始まりだそうです。

A: フランス語のテスト、どうだった?
B: とても**難しかった**よ。

5-8 「甘い歯」??

a sweet tooth

A: I didn't know your brother has a sweet tooth.
B: He does. But he is a drinker, too.

ネイティブはこう使う

甘党、甘い物好き

「甘い歯」と言っても、実際に歯が甘いわけではありません。日本語では「甘い物好き」「甘いものに目がない」、つまり「甘党」のことです。では、「うちの主人は甘党なの」はどのように言えばよいでしょうか？ **My husband is sweet.** ではなく、**My husband has a sweet tooth.** と表現します。また、甘党であることを強調するときは、**a terrible sweet tooth** と言います。

ちなみに、日本人の中には、アルコールが好きか嫌いかを基準として「辛党」と「甘党」を考えることがありますが、欧米人にその考え方はないようです。アルコールを飲まないから「甘党」、甘い物が好きではないから「辛党」「酒好き」とは言えないからです。なお、「酒好き」、つまり「辛党」は **a drinker** と言います。

A: 君の弟が**甘い物好き**とは知らなかったな。
B: そうなんだ。でも、酒も好きだよ。

5-9 「年齢を演じる」??

act one's age

A: Act your age! You're already 20 years old, aren't you?

B: Don't worry. I'm only kidding her.

ネイティブはこう使う

年相応に振る舞う

「年齢を演じる」とは何のことでしょうか？ **act** は「行動する」「演じる」という意味ですが、このフレーズは、「年相応に振る舞う」「分別を持って振る舞う」「年（齢）をわきまえる」を意味します。**one's age** が「実年齢」を表しているわけです。

このフレーズは、特に親が、下の子をいじめる上の子をたしなめるときに使われます。**Act your age!** は「年を考えなさい！」という意味です。通例、命令形で使います。また、成人が幼稚なマネをしたり、年甲斐もなく若く振る舞う老人に忠告したりするときに、少し和らげて **You should act your age.** と、**you should** をつけて使われることもあります。

act を使った他の例には、**act like a man**「男らしく振る舞う」「潔い行動をとる」、**act like a fool**「バカなマネをする」、**act bold**「大胆に振る舞う」などがあります。

A: 年を考えろよ！　もう20歳だろ？
B: 心配するなよ。ちょっと彼女をからかってるだけだから。

5-10 「舌の先で」??

at the tip of one's tongue

A: Do you know the name of that singer who had her concert here last year?
B: Yes, but don't tell me. I have it right <u>at the tip of my tongue</u>.

ネイティブはこう使う

名前や言葉が喉まで出かかって

　会話の途中で、人の名前や数字、あるいは言おうとしていたことが、喉まで出かかっていながら、なかなか思い出せず、悔しい思いをした経験はどなたにもあると思います。そのような状態を表すのが、**at [on] the tip of one's tongue** です。

　また、**I wanted to warn him about the woman. It was at [on] the tip of my tongue, but it's too late now.**「あの女に気をつけるよう、彼に注意したかったんだよ。喉まで出かかっていたけれど、今ではもう遅すぎるな」などのように、「言いたくない」ときや「言わないほうがいい」ときにも使われます。このフレーズを発しながら、喉のところで、手の平を開いて下に向けることもあります。相手の意図がどちらにあるかは、前後の文脈から判断する必要があります。

A: 去年、ここでコンサートをした、例のあの歌手の名前を知っている?
B: ええ、でも言わないで。今**喉まで出かかっている**から。

第5章 カジュアルな場面で使えるフレーズ

5-11 「スポーツ選手の足」??

athlete's foot

A: I heard you've got athlete's foot?
B: Yeah, it spreads through the use of the locker room.

ネイティブはこう使う

水虫

athlete's footは「スポーツ選手の足」ですから、筋肉質な足を想像しがちですが、そうではありません。これは、日本人の5人に1人がかかっていると言われている「水虫」のことです。

では、「水虫」のことをなぜこのように呼ぶのでしょうか？ これは、いつもスポーツシューズやスパイクを履いて練習したり試合に出たりしている運動選手は、靴の中が蒸れて「水虫」にかかりやすいからなのです。

とはいえ、アメリカは日本ほど湿度が高くないので、水虫にかかる人の割合は日本ほど多くはないと言われています。

A: **水虫**にかかったって？
B: うん、水虫は更衣室を使うと伝染するから。

5-12 「私の客になって。」??

Be my guest.

A: Do you mind if I use the rest room here?
B: <u>Be my guest</u>.

C: Let me pick up the bill today.
D: Oh, no. <u>Be my guest</u> here.

ネイティブはこう使う

どうぞ遠慮なく。どうぞお先に。おごらせて。

Be my guest. は、主に他人から頼みごとをされて快諾するときの表現です。日本語の「どうぞご遠慮なく」に相当します。

レストランなどで食事をおごったり、戸口・エレベータなどで順番に人に譲ったりするときにも使われます。

第5章 カジュアルな場面で使えるフレーズ

A: ここのおトイレを使わせてもらえますか？
B: **どうぞ、どうぞ**。
C: 今日のお勘定は私に払わせてね。
D: いいえ、とんでもない。ここは**私持ちにさせて**。

5-13 「ボールの上に乗っている」??

be on the ball

A: Mr. Brown is a tough negotiator, isn't he?
B: Yes, he is. He's always <u>on the ball</u>.

ネイティブはこう使う

大変有能・優秀だ、活気に満ちた

be on the ball は、「大変有能・優秀だ」「敏腕だ」「活気に満ちた」「抜け目のない」「警戒を怠らない」「(仕事を) うまくこなせる」という意味です。このフレーズは、イギリスのフットボール、つまりサッカーで「ボールの扱いがうまい」ことに由来しています。**on** に「集中」の意味があり、有能な選手ほどボールに注意力を集中させることができるからです。

このフレーズでは、be 動詞の他に、**get**、**stay**、**keep** などの動詞が使われることもあります。また、**get on the ball** は「気を張り詰める」という意味の他、《米》では「大変有能・優秀だ」「(仕事・勉強などが) よくできる」という意味もあります。

A: ブラウンさんは手強い交渉相手だね。
B: ええ、そう。彼はいつも**抜かりなくやる**からね。

5-14 「ネコが舌をとったのかい？」??

(Has the) Cat got your tongue?

A: You know who broke this window, don't you, Bill?

B: (Silence)

A: <u>Cat got your tongue?</u>

ネイティブはこう使う

なぜ黙ってるの？

このフレーズの起源にはいくつかの説があります。1つ目は、口がきけなくなったネコが子どもの舌を持っていったとする説です。2つ目は、ネコには人の舌を動かなくさせる魔性があるとする説です。最後は、数百年前の中東で、嘘をついた者は舌を抜き取られ、王様は自分がかわいがっていたネコに、その舌をエサとして与えたとする説です。

一般には、親や教師が何を聞いても、緊張や気後れで、あるいは恥ずかしくて黙って口を開かない子どもに対して、**Cat got your tongue?**「なぜ黙ってるの？」「口がきけなくなったの？」と言って、発言を促すために使われます。これは、**Has the cat got your tongue?** が短縮されたものです。

A: ビル、誰がこの窓を割ったか知っているわね？
B: (沈黙)
A: **なぜ黙っているの？**

5-15 「キュウリのように涼しい」??

(as) cool as a cucumber

A: What type of persons are you looking for?

B: We are looking for those who are <u>as cool as a cucumber</u> in any emergency.

ネイティブはこう使う

とても冷静で

サラダなどに使われる水分を含んだ **cucumber**（キュウリ）が冷たいことから生まれたフレーズです。「とても落ち着いた」「落ち着き払って」「（緊急時などにも）極めて冷静で」「涼しい顔で」という意味です。

この **cool as a cucumber** というイディオムで、「冷たい」感じの **cucumber** と「冷静な」を意味する **cool** とが頭韻を踏んでいるのは面白いですね。

A:どんなタイプの人をお探しですか？
B:いかなる緊急時でも、**落ち着いて行動のできる人**を探しています。

5-16 「切られて乾燥した」??

cut and dried

A: How was Mr. Stevenson's presentation?
B: Well, it was just cut and dried. There was nothing new in it.

ネイティブはこう使う

新鮮味のない、決まり切った

　カットして数日放置したケーキやチーズを想像してください。腐らないまでも、硬くなって美味しく食べることができませんね。ここから生まれたのが、この **cut and dried** です。意味は、「型にはまった」「月並みの」「新鮮味のない」「決まり切った」です。
　さらに、「あらかじめ用意された」「手はずの整った」という意味でも使われます。また、ハイフンで結ぶと、**a cut-and-dried life**「無味乾燥な生活」や **a cut-and-dried way of life**「月並みな生活様式」などと、比喩として使われます。
　「型にはまった」の意味では他に、**stereotyped**（形式どおりの）や **conventional**（伝統に従った）などがあり、**a stereotyped phrase**（決まり文句）や **a conventional wedding**（型どおりの結婚式）のように使われます。

A: スティーブンソンさんのプレゼンはどうだった？
B: うん、**期待はずれ**で、何ら新しいところがなかったよ。

5-17 「親愛なるジョンへの手紙」??

Dear John letter

A: Billy, what's with you? You look depressed.
B: Well, I've just got a Dear John letter from my girlfriend.
A: Gosh! That's too bad.

ネイティブはこう使う

(女性から夫・恋人に宛てた)別れの手紙

　長い間、家族や恋人と離れ離れに暮らすのは辛いものです。第2次世界大戦中、アメリカで、出征している夫や恋人の帰りを待ち切れなくなった妻や恋人の中には、心変わりした者もいます。
　Dear John letter は、彼女たちが戦地にいる夫や恋人に宛てた別れの手紙の出だしが **Dear John** であったことから生まれたフレーズです。**John** に特別な意味はなく、ありふれた男性の名前です。「(女性から夫・恋人に宛てた)別れの手紙」「絶縁状」「絶交状」を意味します。
　今日では一般に、「男女の親しい関係を断ち切る手紙」「(女性の側から婚約者に宛てた)婚約破棄の手紙」の意味で使われます。**letter** を省くこともあります。

第5章　カジュアルな場面で使えるフレーズ

A: ビリー、どうした？　めげてるみたいだけど。
B: うん、今、彼女から**別れの手紙**が来たんだよ。
A: えっ！　それは気の毒に。

5-18 「忘れろ！」？？

Forget it!

A: Sorry, I've spilt the juice on the carpet.
B: Oh, <u>forget it</u>!

ネイティブはこう使う

勘弁して！気にしないで！

　Forget it! は文字どおり「忘れろ！」ですが、実際には複数の意味で使われます。1つは、頼みごとをされて引き受ける自信がない、都合がつかない、などの理由で断るときに使う「嫌だね！」「とんでもない！」「勘弁して！」を意味します。「いくら頼んでも無理だから、そんなこと忘れてくれ！」というニュアンスです。

　また、何かを言いかけて、途中で、この人にこのことをこれ以上言うのはまずいと気づいて、「このことはなかったことにして」という意味で使われることもあります。

　さらに、持ち物を壊したり、汚したりしたときの謝罪に対して、「気にしなくていいよ」の意味でも使われます。

　いずれの場合も、**Forget about it.** と **about** をつけると、少し柔らかい感じになります。

A: ごめん、カーペットにジュースをこぼしちゃったよ。
B: ああ、**気にしなくていいよ！**

5-19 「本にぶつかる」??

hit the books

A: Let's have a drinking party tonight.
B: No, not tonight. I have to <u>hit the books</u>. You know I have an employment exam tomorrow?

ネイティブはこう使う

猛烈に勉強する

　hitは「打つ」という意味ですが、特に「強く・勢いよく打つ」ことから、「非常に〜する」を意味します。したがって、**hit the books**は、教科書や参考書に懸命にアタックすることで、「猛烈に勉強する」「ガリ勉をする」という意味で使われます。

　hitを使った表現には、**hit the ceiling**もあります。怒りで体が跳び上がり天井に頭をぶつけるほどカッとなる・かんしゃくを起こすという発想から、「頭にくる」「カッとなる」を意味します。

　他に、**hit the spot**もあります。**spot**は飲んだり食べたりしたいと感じる箇所、つまり「胃」を指します。その箇所に、その飢えや乾きを満たす「食べ物」が「触れる」ので、このフレーズは「満足させる」を意味するようになりました。

A: 今夜、飲み会やろうよ。
B: ダメだよ、今夜は。**勉強し**なきゃ。明日、就職試験だって知ってるだろ？

5-20 「ナンバーワンをしなければ。」？？

I have to
do number one.

A: Mommy, I have to go to the bathroom.
B: OK. Number one or number two?
A: I have to do number one.

ネイティブはこう使う

オシッコをする（こと）

　number one は形容詞で「一番の」「第1位の」「最高の」「最上の」ですね。これは、遠回しに「オシッコ（をすること）」「小便（をすること）」を意味します。したがって、**do number one** は「小便をする」「オシッコをする」という意味になります。いずれも幼児語ですが、大人がふざけて使うこともあります。

　ちなみに、**number two** は「大きいほう」「大便」を指します。これらは、**Number One**、**number 1**、**Number Two**、**number 2** と綴ることもあります。

A: ママ、トイレに行きたいよ。
B: わかった。で、オシッコ？　それとも、ウンチ？
A: **オシッコ**。

5-21 「雨の切符をもらいます。」??

I'll take a rain check.

A: Let's have a drink after work.
B: Sorry. I have another appointment today. I'll take a rain check.

ネイティブはこう使う

今回は断るが、次の機会には受ける。

　英米ではよく、いろいろなパーティーが開かれます。しかし、せっかく招かれてもすでに予定が入っていて出席できないことがあります。そんなとき、次回の参加を約束するのに使われるのが、**rain check** です。19世紀のアメリカで、野球の試合が雨で流れると、すでに入場券を買っていた観客は、**rain check**（雨天順延券）をもらいました。当然、この券があると次の試合を見ることができるわけです。

　今日では、スポーツの試合、野外公演などが雨のために順延になった場合のみならず、パーティーやディナーなどに招待されても都合がつかず、次回参加することを約束するときにも使われます。**take a rain check** は「(誘いや招待、申し出を) 今回は断るが、次の機会には受ける」という意味で、**give someone a rain check** は「(誘いなどを断られて) 今度また誘う」を意味します。

A: 仕事が終わったら、一杯やろうよ。
B: 悪いけど、今日は先約があるので、**次の機会にする**よ。

5-22 「私はまだその上で働いています。」??

I'm still working on it.

A: Are you through with the newspaper?
B: No, <u>I'm still working on it.</u>

ネイティブはこう使う

まだ食べ終えていない（から、片づけないで）。
（まだ新聞・雑誌を）読み終えていない。

　英米のレストランなどで、食事の終わりかけに、あるいはまだ食べ終えていなくともナイフやフォークをお皿の上に置いて友だちや同僚と話していると、お店の人が **Are you through?**「お済みになりましたか？」と聞いてくることがあります。そろそろデザートやコーヒーを出すので、もう食べ終えたかどうかを尋ねているのです。これに対して、まだ食べ終えていないときには、**I'm still working on it.** と応じます。「まだ食べ終えていない（から、片づけないで）」という意味です。この表現は、「（新聞・雑誌を）読み終えていない」の意味でも使われます。

　一方、すでに食べ終わっているときや、まだお皿に食べ物が残っていても、もうこれ以上食べない（食べ残す）ときは、**Yes, I'm through.** と言う必要があります。

A: もう新聞を読み終えましたか？
B: いや、**まだです。**

5-23 「百万の中で」？？

in a million

A: Thank you for the delicious dinner. Your wife is a good cook.

B: Yes, she is one cook in a million.

ネイティブはこう使う

類を見ない、最高の

「百万の中で」とは何のことでしょう？「万が一にも」だと考えた方、惜しいです。**million** は比喩で「無数の、かなり多くの」を意味します。この **million** を使って、**Thanks a million.** は「どうもありがとう」を意味します。これは、**Thank you very much.** の代わりによく使われます。

in a million は、「無数の人・物の中で」という意味から派生して、「類を見ない」「めったにない」「最高の」「千載一遇の」という意味です。

ちなみに、「万が一にも」は、**a million to one** と表現します。また、紛らわしいですが、**a million to one chance** は「ごくわずかなチャンス・可能性」を意味します。

A: 美味しい夕食、ありがとうございました。奥さんは、お料理が上手ですね。
B: そう、妻は**すっごく**料理がうまいんだ。

5-24 「それはほぼ君が寝た時間だ。」??

It's about time you went to bed.

A: Tommy, isn't it about time you went to bed?
B: Ten more minutes, please.　I want to finish this game.

ネイティブはこう使う

もう寝る時間よ。

go to bedは、**What time do you go to bed?**「ふだんは何時に寝るの?」や**My grandma usually goes to bed early and gets up early.**「おばあちゃんは、いつも早く寝て早く起きます」のように使われます。

ところが、いつもの「寝る」時間が過ぎても、ゲームなどをしている子どもや、仕事などの切りがつかない大人に対して、「もう寝る時間よ」と促すときに、**It's about time you went to bed.**を使います。**went**と過去形が使われていますが、寝る時間が過ぎている子どもに、日本語で「さあ、お前たち、もう寝た、寝た!」と言う感じと同じです。

ちなみに、「～する時間」は一般に、**It's time to get back to work.**「もう仕事に戻る時間だよ」のように、**time to do**が使われます。

A: トミー、いいかげんに寝たら?
B: お願い、あと10分。このゲームを終わりまでやりたいんだよ。

5-25 「それは私の上にあります。」??

> # It's on me.

A: You did a good job, Steve! <u>It's on me</u> today.
B: Thank you, Yoshiki.

ネイティブはこう使う

私がおごります。

　前置詞の **on** は「～の上に」を意味しますね。ところが、この **on** には、「(～の) 勘定持ちで」「(～の) おごりで」という意味もあるのです。したがって、**It's on me.** は「私のおごりよ」「僕がおごりますよ」という意味になります。

　例えば、飲み屋の主人がひいきにしているチームが勝ったときなど、そのとき店に来ていた客に、**The beer is on the house today.**「今日、ビールは店のおごりだよ」と言うことがあります。「無料で」「サービスで」を意味します。

　「おごる」を意味する表現には他に、**I'll treat you.** があります。また、**Let me buy you a drink today.**「今日は一杯おごらせてくれよ」などもよく使われます。

A: スティーブ、よくやったよ！　今日は**僕がおごる**よ。
B: ありがとう、ヨシキ。

5-26 「あなたと私の間だけ」？？

just between you and me

A: I've finally got engaged. But just between you and me.
B: Why?

ネイティブはこう使う

内緒にして、秘密にしておいて

「あなたと私の間だけ（のこと）」という直訳から、このフレーズの意味が何となく推測できますね。「ここだけの話」、つまり「内緒にして」「秘密にしておいて」という意味です。**Let's keep this a secret just between ourselves[you and me].**「このことは僕たちだけの秘密にしておこう」がもとの文です。前半部の**Keep this a secret!**「このことは秘密にしておいて！」のみで使われることもあります。「ここだけの話にしておいて！」には、**Keep it to yourself!** という表現も使われます。

また、「秘密にしておく」には、**keep something under one's hat** というフレーズもあります。この **under one's hat**（帽子の下）は、ここでは「頭の中」を意味します。つまり、「頭の中にとどめておく」という発想です。

A: ようやく婚約したわ。でも、**ここだけの話にしておいて。**
B: どうして？

5-27 「時間を殺す」??

kill time

A: Helen, you are just on time.
B: Yes, but I arrived early, so I killed time reading magazines at a nearby bookstore.

ネイティブはこう使う

時間をつぶす、暇つぶしをする

kill time は、直訳すると「時間を殺す」という意味となりますが、日本語の「時間をつぶす」「暇つぶしをする」に相当します。空き時間を殺すとは、空き時間をなくしてしまう、つまり「つぶす」ことにつながりますね。「何かをするまでの余っている時間を別のことに使う」ことです。一般には、次の予定まで、取り立ててすることがない場合に使われます。

ちなみに、「(次の予定まで) 余分の時間がある」は、**have time to kill** と表現します。**Having some time to kill, I had coffee in a coffee shop.**「少し時間があったので、喫茶店でコーヒー飲んできたの」などと使われます。

A: ヘレン、あなたぴったり時間どおり。
B: ええ、でも早く着いたので、近くの本屋さんで雑誌を読んで**時間をつぶして**きたの。

5-28 「それを作る」??

make it

A: Good, Sue. You just made it.
B: Yeah, but I got caught in a traffic jam on the way.

ネイティブはこう使う

間に合う、到着する

make it は、「間に合う」「(首尾よく) 到着する」という意味です。**Meg, what should we do? We will never make it to the airport.**「メグ、どうする？ 空港に間に合いそうもないよ」などと使われます。

このフレーズには「(〜に) 出席する」という意味もあります。例えば、**Sorry, I won't be able to make it to the party tonight.**「ごめん、今夜のパーティーに出席できそうにないんだよ」などと使われます。

さらに、**make it** には「成功する」という意味もあり、よく口語で使われます。「大成功する」という場合は、**My uncle has made it big in the business world.**「叔父は実業界で大成功を収めた」のように、**make it big** と表現します。

A: スー、よかったね。ギリギリで**間に合った**わよ。
B: ええ、でも途中で交通渋滞に巻き込まれちゃって。

5-29 「自分自身の仕事に気を配れ！」？？

(You) Mind your own business!

A: Are you married?
B: Mind your own business!

ネイティブはこう使う

余計なお世話だ！ほっといてくれ！

　航空機や電車で、アメリカ人と隣り合わせになると、一方的に家族のことや仕事のことなどかなりくわしく話してきます。他方、イギリス人は、一緒になっても相手に迷惑をかけたくないという気持ちが強いせいか、めったに話がはずみません。それはともかく、初対面では、直接的な質問やあまり個人的に込み入った質問は避けるのがマナーです。例えば、**How old are you?**「お歳はおいくつですか？」や **What religion do you believe in?**「何教を信仰していますか？」などと尋ねると、**Mind your own business!** と言われることでしょう。

　この **Mind your own business!** は「余計なお世話だ」「俺のことを構わないでくれ」「ほっといてくれ」という意味なのです。「自分のことだけを気にかけていればいい」というところからきています。頭に **You** をつけると語調が強くなります。

....

A: 結婚しているんですか？
B: あなたには関係ないことよ！

5-30 「青い色から」？？

out of the blue

A: What's the matter, George?
B: To tell the truth, <u>out of the blue</u>, my girlfriend's father visited me. Then, ...

ネイティブはこう使う

突然、出し抜けに

この **blue** は **blue sky** のことです。今まで青空しか見えなかったところから「何かがいきなり（出てくる）」ことを意味しますので、日本語の「突然」「出し抜けに」に相当します。**out of a clear blue sky** と表現することもあり、**out of** の代わりに **from** が使われることもあります。

この表現に **a bolt** をつけて、**a bolt out of the blue**（青からの稲妻）とすると、「（青い空から稲妻が）まったく突然に」「思いもかけずに」、つまり「青天の霹靂(へきれき)」を意味します。

A: どうしたんだい、ジョージ？
B: 実を言うと、ガールフレンドの父親が、**何の前触れもなく**訪ねてきたんだよ。それで……。

5-31　「ネコとイヌが降る」??

rain cats and dogs

A: How is the weather over there today?
B: It's been <u>raining cats and dogs</u> since last night.

ネイティブはこう使う

雨が土砂降りである

　このフレーズの語源にはいくつかの説がありますが、**cat**は大雨を降らし、**dog**は強風を招くとされる北欧の言い伝えに由来するという説が有力です。イヌとネコが激しく吠え合ってケンカしている様子が目に浮かびます。このフレーズは、日本語の「土砂降りである」「雨が激しく降る」に相当します。つねに**cats and dogs**の順序で、かつ複数形で使われます。

　cats and dogsを使った**fight like cats and dogs**は、「いつも激しくケンカ（口論）する」という意味です。日本語で仲の悪い代表は「イヌとサル」とされていますが、英語では**cats and dogs**（ネコとイヌ）です。「彼らは犬猿の仲だよ」は、**They are on cat-and-dog terms.** と表現します。

A: そっちの今日の天気はどう？
B: 昨夜から**土砂降り**だよ。

5-32 「第2の考え」??

second thoughts

A: Have you accepted his proposal?
B: No, not yet. I'm having <u>second thoughts</u>.

ネイティブはこう使う

再考、熟慮した後の考え・決意

　second thoughts は「2度目の考え」ですから、「再考」「熟慮した後の考え・決意」を意味します。一般には、**on second thoughts** や **have second thoughts（about）** というフレーズで使われます。

　on second thought(s) は、「改めて考えてみると」「(考え直してみて) やっぱり」という意味です。例えば、**Well, on second thoughts, who buys this kind of machine?**「ところで、考えてみると、誰がこんな機械を買うんだい?」のように使われます。また、**have second thoughts** は、文字どおり「考え直す」「再考する」という意味です。発展して、「(あることを判断して) 疑問を持ち始める」「迷い出す」をも意味します。

　ちなみに、**not give A a second thought** は、「Aのことをよく考えない」という意味です。**without a second thought**「よく考えないで」とほぼ同じ意味です。

A: 彼のプロポーズを受けたの?
B: いいえ、まだ。今**考え直している**の。

第5章 カジュアルな場面で使えるフレーズ

5-33 「彼女は期待しています。」??

She is expecting.

A: Do you know <u>Helen is expecting</u> again?
B: Yes. I'm sure <u>she is expecting</u> her fifth child.

ネイティブはこう使う

彼女は妊娠している。

　著者がアメリカ留学中、ホストマザーが結婚している娘さんを紹介しながら、**She's expecting.** とつけ加えました。娘さんが何を期待しているのかと一瞬戸惑いましたが、幾分大きくなった彼女のお腹を見て、すぐに合点がいきました。このフレーズは、**She is expecting a baby [child].** という文の省略形で、「彼女は妊娠している」という意味なのです。会話の前後関係から何を意味しているか判断できるので、一般には **a baby [child]** を省略して使います。いずれにしても、彼女が期待しているのは、「赤ちゃん」なのです。

　ちなみに、「君に期待してるよ」は **I'm counting on you.** と表現します。**count** はもともと「〜を数に入れる」「〜を考慮する」という意味ですが、**count on someone** で「〜に期待する」「〜を当てにする」を意味します。

第5章 カジュアルな場面で使えるフレーズ

A: **ヘレンがまた妊娠した**って知ってる?
B: ええ、知ってるわ。たしか5人目(**を妊娠しているの**)よ。

5-34 「その上に寝る」??

sleep on it

A: Bob, I want you to be transferred to Paris next year.
B: I can't answer you right away, boss. Let me <u>sleep on it</u>.

ネイティブはこう使う

一晩検討する、返事を1日延ばす

　sleep on itは「一晩考える・検討する」「一晩おいてから答えを出す」「返事を1日延ばす」という意味です。例えば、いくら話し合っても解決策が見出せない場合や、意見が食い違って結論に至らないような場合、「一晩ぐっすり寝て考える」必要があります。即答できないので、「明日まで返事を待ってください」と決断を先延ばしにするときに使われます。**it**の代わりに**something**を使っても同じ意味です。

　sleepを使った表現には、**sleep in**「朝寝坊をする（= **sleep late**）」や口語で**sleep it off**「寝て酔いをさます」、**sleep out** [**over**]「外泊する」などがあります。

A: 来年、君にパリへ転勤してもらいたいんだが。
B: すぐには返答できません、部長。**一晩考えさせてください。**

5-35 「酸っぱいブドウ」??

sour grapes

A: Meg says she never liked Bobby anyway, but it is <u>sour grapes</u>.

B: I think so. She is purposely mean to him.

ネイティブはこう使う

負け惜しみ

sour grapes は、キツネがブドウを見つけたが、ブドウが高いところになっていて手が届かないので、**I'm sure those grapes are sour anyhow.**「あのブドウは酸っぱいに決まっている」と、負け惜しみを言った『イソップ寓話』(*Aesop's Fables*) の「キツネとブドウ」(**The Fox and the Grapes**) に由来します。

したがって、このフレーズは「負け惜しみ」を意味します。「負け惜しみを言う」は、**cry sour grapes** と表現します。

A: メグはボビーのことを決して好きじゃなかったと言ってるけれど、**負け惜しみ**だよね。
B: そうね。彼女、彼にわざと意地悪するからね。

5-36 「ちょっとした幸運を費やす」？？

spend a small fortune

A: Can you believe Shawn is broke?
B: Yeah. He spent a small fortune on gambling.

ネイティブはこう使う

大金を費やす

　fortuneと聞くと、「幸運」を思い浮かべる方が多いと思います。しかし、このfortuneには「財産」「富」という意味もあります。つまり、このspend a fortuneが、「幸運を費やす」ではなく、「大金を費やす」「財産をつぎ込む」という意味なのです。

　では、a small fortuneのsmallは何を意味するのでしょうか？　このsmallは反語的に使われていて、a small fortuneは「一財産」「大金」を意味しています。fortuneを使ったmake a fortuneは「財産をつくる」を、lose a fortuneは「大金を失う」を意味します。

　また、面白い表現にはmarry a fortuneがあります。これは、「金持ちと結婚する」「財産目当てに結婚する」という意味です。**She married a fortune, not for love.**（彼女は、愛からではなく、財産目当てに結婚した）などと使われます。

A: ショーンが無一文になったって信じられる？
B: うん。彼、ギャンブルで**大金を使った**からな。

5-37 「線が忙しい。」？？

The line is busy.

A: May I speak to Ms. Brown?
B: I'm sorry, her line is busy. Shall I take a message?

ネイティブはこう使う

話し中です。

「線が忙しい」では何のことかわかりませんね。実はこの **line** とは電話の回線のことです。4-14で説明したように、**line** には「電話線」という意味があります。「(電話の回線が) ふさがっている」「話し中です」という意味です。

ここで、電話に関する表現をいくつか紹介しましょう。

Please tell him／her that I called.
電話があったとお伝えください。

Could you ask him／her to call me back later?
折り返しお電話いただけますか？

He／She is on another line at the moment.
ただ今、他の電話に出ています。

Thank you for calling.
電話くれてありがとう。

A: ブラウンさんはいらっしゃいますか？
B: あいにく、**今話し中です**。ご伝言を承りましょうか？

5-38 「ライオンの分け前」？？

the lion's share

A: Do you remember which country got the most gold medals in the last Olympics?

B: I think China got <u>the lion's share</u> (of the gold medals).

ネイティブはこう使う

最大の分け前

この表現の由来は、『イソップ寓話』(***Aesop's Fables***)の「ライオンの分け前」(**The Lion's Share**)です。ライオンとキツネとロバとオオカミがある動物を殺し、それを4等分しました。

ところが、ライオンは「まず、最初の4分の1は俺の特権だ。次の4分の1は俺の勇気に、次の4分の1は俺の母親と子どものために。残りの4分の1について、言いたいことのあるやつは言え」と言って、結局、ライオンが獲物を全部独り占めにした話がもとになっています。

したがって、「最大の分け前」「うまい汁」という意味です。

A: この前のオリンピックで、どの国が金メダルを一番多く獲ったか覚えている？
B: 中国が**最も多く**獲ったと思うな。

5-39 「長い話を短くする」??

make a long story short

A: Steve, your story is always long.
B: OK. So, I will <u>make my long story short</u>.

ネイティブはこう使う

手短に言うと、要するに

直訳の「長い話を短くする」でほぼ意味がわかるのではないでしょうか？「長い話を短くする」ですから、自然と「手短に言うと」「早い話が」「要するに」だと判断できますね。

日本語の「要するに」を意味する表現をいくつか挙げましょう。**in a word**「ひと言で言うと」は、日常会話でよく使われます。**"What do you think of his new book?" "In a word, it's unreadable."**「彼の今度の本どう思う？」「ひと言で言うと、バカらしくて読めたもんじゃないよ」などと使われます。他には、**in short**もあります。**Bob, you don't have to come starting next week. In short, you're fired.** は「ボブ、来週から来なくていいぞ。要するに、お前は首だ」です。さらに、**in other words**もあります。**In other words, we can't go there together.**「つまり、私たちは一緒にそこへ行けないってことね」などと使われます。

A: スティーブ、お前の話はいつも長いんだよ。
B: わかったよ。それじゃあ、**手短に言う**よ。

5-40 「新しい木の葉をひっくり返す」？？

turn over a new leaf

A: What does your brother do now?
B: He turned over a new leaf to find a new job.

ネイティブはこう使う

心を改める、生活を一新する

　直訳では、「新しい木の葉をひっくり返す」ですが、この **leaf** は「木の葉」ではなく、「（書物の）1ページ」を指します。したがって、**turn over a new leaf** は「新しいページをめくる」がもとの意味です。比喩として、「心を改める」「心を入れ替える」「生活を一新する」という意味で使われます。

　このフレーズは、「自分の悪い点を改める」「再出発する」を意味する比喩的表現です。「悪い癖・習慣を直す」「素行を改める」など、適応範囲の広いフレーズであると言えます。

A: 君の弟、今何をしているの？
B: **心を入れ替えて**、仕事を探しているよ。

5-41 「自分の体重を見守る」??

watch one's weight

A: Long time no see, Tom. You've gained a little, haven't you?
B: Yeah. I have to <u>watch my weight</u>.

ネイティブはこう使う

太らないように気をつける

　職場や学校で話題になることが多く、雑誌の宣伝やテレビのコマーシャルでよく見かけるのは、「ダイエット」という言葉ですね。「体重を増やさないように気をつける」ことを、英語では **watch one's weight** と言います。自分自身の体重をチェックしておくというところからきているのですね。
「太らないように気をつけている」は、**I'm watching my weight.** です。この文は、「私は今、食事制限（減量）しているの」という意味で使われます。

第5章 カジュアルな場面で使えるフレーズ

A: トム、しばらく。ちょっと太ったんじゃないか？
B: うん、俺、**減量し**なきゃならないんだよ。

5-42 「一緒に夕食をいかがですか?」??

Would you like to have dinner with us?

A: Would you like to have dinner with us?
B: Oh, it's five o'clock already. I've got to go now.

ネイティブはこう使う

そろそろお引き取りいただきたいのですが。

　日本ではかつて、特に田舎では、長居する客に帰ってもらいたいときは、お手洗いの入口に手ぬぐいをかけた箒(ほうき)を逆さに立てかけるのが習慣でした。

　一方、英語では **Would you like to have dinner with us?** という表現が使われます。直訳すれば「一緒に夕食をいかがですか?」という意味ですが、「(夕食の準備がありますので)そろそろお引き取りいただきたいのですが」と遠回しにお引き取り願うときの表現です。友人や親しい間柄でよく使われます。

　このフレーズが使われたときは、状況をよく判断して行動しましょう。

A: そろそろお引き取りいただきたいのですが。
B: あら、もう5時だわ。おいとましなきゃ。

5-43　「あなたは食べるものである。」??

You are what you eat.

A: William is awfully knowledgeable.
B: Yes. <u>You are what you eat</u>, and he eats a lot of brain food.

ネイティブはこう使う

食が人を作る。食は人を変える。

　You're what you eat. はよく考えると、「あなたの食（べるもの）があなたを作る」と解釈できます。意訳すると、「よいものを食べると健康になり、悪いものを食べると健康でなくなる」を意味しますね。つまり、「食が人（人格）を作る」「食は人を変える」ということを表します。もちろん、口からの食べ物だけでなく、書物から得た知識、友だちや周りの人からの情報などが人や人格を作っているので、比喩的な表現ということになります。

　このフレーズを応用した **You are what you read.**「書は人なり（読むもので人格が作られる）」や **You are what you write.**「文は人なり」、**You are what you speak.**「話す内容（話し方）でその人がわかる」、**You are what you wear.**「人は着るもの（身なり）で判断される」などもよく使われます。

A: ウィリアムって、すごく物知りね。
B: そうだよ。「**食が人を作る**」って知っているだろ？

5-44 「再びそれを言える。」??

You can say that again.

A: The traffic in Tokyo is terrible!
B: <u>You can say that again!</u>

C: Hi, Jim, it's been a while!
D: <u>You can say that again</u>, Bill! When did we meet last?

ネイティブはこう使う

そのとおりです。

このフレーズは、実は、「ごもっともです」「まったくそのとおりです」「おっしゃるとおりです」「まったく同感です」を表します。相手の発言内容や意見・提案に強い共感を表すフレーズです。日本語の「それは言えてる」に相当します。

話すときは、**that**を強く発音します。**You can say that again.** は、類義のフレーズである **You said it!**「まったくだ」よりも語調が強くなります。

A: 東京の交通渋滞はひどいね。
B: **まったくだよ！**
C: やあ、ジム、久しぶり！
D: **本当だね**、ビル！ この前会ったのはいつだっけ？

	ディスカヴァー携書 102 a big cheese は「大きなチーズ」ではありません
	発行日　2013年6月25日　第1刷 　　　　2015年4月25日　第2刷
Author	牧野髙吉
Book Designer	石間 淳
Illustrator	岡田 丈（visiontrack.jp）
Cooperator	寺口雅彦（企画のたまご屋さん）
Publication	株式会社ディスカヴァー・トゥエンティワン 〒102-0093　東京都千代田区平河町2-16-1 平河町森タワー11F TEL　03-3237-8321（代表） FAX　03-3237-8323 http://www.d21.co.jp
Publisher	干場弓子
Marketing Group Staff	小田孝文　中澤泰宏　片平美恵子　吉澤道子　井筒浩　小関勝則 千葉潤子　飯田智樹　佐藤昌幸　谷口奈緒美　山中麻吏　西川なつか 古矢薫　伊藤利文　米山健一　原大士　郭迪　松原史与志 蛯原昇　中山大祐　林拓馬　安永智洋　鍋田匠伴　榊原僚 佐竹祐哉　塔下太朗　廣内悠理　安達情未　伊東佑真　梅本翔太 奥田千晶　田中姫菜　橋本莉奈　川島理　倉田華　牧野類　渡辺基志
Assistant Staff	俵敬子　町田加奈子　丸山香織　小林里美　井澤徳子 橋詰悠子　藤井多穂子　藤井かおり 葛目美枝子　竹内恵子　清水有基栄　小松里絵　川井栄子 伊藤由美　伊藤香　阿部薫　常徳すみ　三塚ゆり子
Operation Group Staff	松尾幸政　田中亜紀　中村郁子　福永友紀　山崎あゆみ　杉田彰子
Productive Group Staff	千葉正幸　原典宏　林秀樹　三谷祐一 石橋和佳　大山聡子　大竹朝子　堀部直人 井上慎平　松石悠　木下智尋　伍佳妮　張俊崴
Proofreader	株式会社文字工房燦光
DTP	美研プリンティング株式会社
Printing	凸版印刷株式会社

定価はカバーに表示してあります。本書の無断転載・複写は、著作権法上での例外を除き禁じられています。インターネット、モバイル等の電子メディアにおける無断転載ならびに第三者によるスキャンやデジタル化もこれに準じます。
乱丁・落丁本はお取り替えいたしますので、小社「不良品交換係」まで着払いにてお送りください。

ISBN978-4-7993-1333-6	携書ロゴ：長坂勇司
©Takayoshi Makino, 2013, Printed in Japan	携書フォーマット：石間 淳